普隐文库

重现经典智慧
彰显传统价值
升华文明对话
涵养生命阅读

普 隐 文 库

普隐人文　　　　佛学通识

普隐译丛　　　　经典阐释

普隐心语 | 圣凯 著

学术支持：清华大学道德与宗教研究院

普|德|文|库

# 念 心
|增订本|

圣凯 著

商务印书馆
The Commercial Press

图书在版编目(CIP)数据

念心/圣凯著.—增订本.—北京:商务印书馆,2022
(普隐文库)
ISBN 978-7-100-21510-7

Ⅰ.①念… Ⅱ.①圣… Ⅲ.①散文集—中国—当代 Ⅳ.①I267

中国版本图书馆CIP数据核字(2022)第140427号

**权利保留,侵权必究。**

普隐文库
**念 心**
(增订本)
圣 凯 著

商 务 印 书 馆 出 版
(北京王府井大街36号 邮政编码100710)
商 务 印 书 馆 发 行
南京新世纪联盟印务有限公司印刷
ISBN 978-7-100-21510-7

| 2022年11月第1版 | 开本 889×1240 1/32 |
| 2022年11月第1次印刷 | 印张 7¼ |

定价:52.00元

# 总　序

《周易》云："观乎天文，以察时变；观乎人文，以化成天下。"人立于天地之间，既要体验自身的生老病死、上下沉浮、心念生灭，更要审视、谛观自身变化与天地流转、世事更替、人际往来等的关系。先哲体验种种变化，反思变化规律，提出因应之道，并教化和帮助他人，致力于实现更为善良、有序、可持续的世界，故有文明的开显。因此，人类文明皆是变化之道、观察之道和教化之道。

变化之道作为普遍性规律，隐藏于变化的万象与纷纭的人事之后，体现出超越变化的不变性。天地变化，无非是时间的绵延与断裂；人际往来，无非是关系的独立与相依。绵延与独立为一，断裂与相依为二，所以佛陀提倡"不二"；"不二"即是面对、接纳和谛观一而二、二而一的世界和人生，成就变异多元、和谐相成的变化之道。提倡"普隐"，是希望有缘阅读者明了变化之道。

观察之道是主体依不变性而审视、谛观宇宙人生，从而将普遍性规律纳入主体之心。公元前五六世纪的"轴心时代"，先哲纷纷将"天地之心"纳入己之心性境界与生命经验，将自身的观察之道演化为教化之道，诠释宇宙人生的现象，揭示规律和发明定理。东方、西方思想体系之不同，就在于观察之道与教化之道的不同。提倡"普隐"，是希望有缘阅读者学习先哲的境界与经验，融摄时代思潮与日常生活，具备降伏烦恼、安顿生命的功夫与境界。

现时代的每个人，皆是几千年变化之道、观察之道和教化之道的继承者，理应追索自身承载的历史底蕴，呈现由之而绵延至今的文化传统，并将当前体贴出来的心灵经验融入其中。换言之，今人既承负着薪火相传、代代守护的文化使命，亦应与时俱进、推陈出新，创造出跨时空、越国界和体现时代价值的当代文化。

"普隐心语"呈现的是自身的经验与境界，以观察之道契入变化之道，融情感体验、生活反思、知识积累、理性思辨、智慧体悟为一体。"佛学通识"旨在将专业、系统的佛学研究转化为清晰、简洁的佛学知识，让社会大众通过现代汉语有缘进入佛学文化传统，呈现当代"教化之道"，让佛学文化成为当代中国社会文化的重要组成部分。"经典阐释"旨在将古圣贤的原创性智慧转化为时代性理论，将古代汉语解释爬梳为流畅、优美的现代汉语，让现代读者能够实现机教相应的阅读，可视为借古代的"教化之道"契入"变化之道"。东西、古今的"教化之道"都各有偏重与不同，所以需要交流互鉴，编辑"普隐人文""普隐译丛"系列，以实现各美其美。

于百年未有之变局中，当代中国正经历着广泛而深刻的社会变革，东西相遇，古今融汇，为新的观察之道、教化之道的出现提供了广阔空间。愿不负历史所托，立足东西、古今之变，为变化之道、观察之道和教化之道的传承、创造性转化、创新性发展而发新声，是为祈，以为序。

圣凯

2021 年 7 月于清华园

# 目 录

代序　念心 / 1

## 存在篇
存在 / 9

时空 / 12

缘起 / 14

无常 / 16

痛苦 / 17

善恶 / 19

世界 / 20

国家 / 22

死亡 / 24

## 烦恼篇
烦恼 / 29

名利 / 31

团队 / 32

## 修道篇

修行 / 37

学佛 / 43

法门 / 44

生活 / 46

人际关系 / 51

信仰 / 54

理想 / 58

香供养 / 61

观世音菩萨 / 62

接受 / 66

放下 / 68

报恩 / 70

当下 / 72

慈悲 / 75

知足 / 77

布施 / 78

放生 / 79

圆润人生观 / 82

## 解脱篇

解脱 / 87

自由 / 89

真理 / 92

智慧 / 93

意义 / 95

正义 / 98

幸福 / 99

净土 / 101

## 弘法护教篇

弘法 / 105

学术与弘法 / 107

护教 / 121

道场 / 123

师徒 / 125

义工教育 / 129

## 哲学教育篇

哲学 / 139

宗教 / 141

教育 / 142

读书 / 145

书写禅意的生命

　　——赏宗家顺的书法艺术 / 147

天地的笔画、悟观与境界

　　——谈田东辉的书画艺术 / 155

游戏三昧

　　——生命的终极关怀与实践 / 163

天地笔画之"精气神"

　　——赏范石泉先生书法有感 / 166

## 行者篇

2013 年 / 171

## 经典撷录篇

佛所行赞 / 201

长阿含经 / 206

中阿含经 / 213

大方广佛华严经 / 216

竹窗随笔 / 218

# 代序　念心

　　世界的美丽或幸福，是出于我们的心和世界的相遇——一种清澈的相映。世间的美澎湃地撞击心灵，心灵也在寻找世间的美。心灵和美相撞击，我们才会在平凡的世界里，看见高贵和清澈的美丽。

　　若我心如晴窗，在流变的时空中，春花自来去，秋声如远近，忧伤、快乐频进出，皆为生命之深味。无论是悲伤还是失去，心中的天空仍然是晴，受打击也有能力平复；任时空迁流，我心依旧。心如晴窗，才有真爱；只有热爱生命，才有最美的生命。

　　心灵的自由也需要受到最严格的训练，双腿受到痛苦的煎熬才有明心见性的自由。如悬崖断壁上的兰花，或如污泥秽地里清放的莲花，或如漠漠黄沙里艳红的仙人掌花，那才是真正的禅意。菩萨的美丽与动人，在于要留一丝有情在人间，一直在苦难的煎熬中游化。所谓菩提心，就是保持对一切有情的"生意"——生生不息，那是一种永不泯灭的希望——煎熬中的希望。

科罗拉多沙漠里的金琥，2013年7月摄于美国

平常心是道，不是拒绝激情与浪漫。生命历程中有激情，才能体会到情感的热力；有浪漫情怀，才能感知到内心的细腻。激情和浪漫是无常的，如昙花一现，我们不可能保证一生的浪漫和激情。所以，生命之花开放时，要倾宇宙之力；

凋谢时，要不失内在的温柔。体验激情的美丽，要感受它的无常，接受它的变化。

给自己的生活留点空间，让自己有机会沉思，让自己可以优雅地转身，因为时间和身体最终都是自己的；给自己的心留点空间，淡定、从容、宁静、包容，让自己可以很好地面对一切变化；给别人留点好处，让一条道路给别人走，别人有好处、走好了，自己才能自由地通过；给别人的心留点空间，我们既然不能完全理解它，那就让它存在着。

人生是一本书，只有读懂它，你才能过得更精彩。其实，每个人都是被上帝咬过的苹果——残缺不完满，才是人生的真相。所以，不必掩饰自己，真实是人生的至高境界，要做真实的自己。其实，每个人来到这个世界都有一定的命运，但是我们可以调整对待命运的心态，如保持平常心、少计较、宽容……与其抱怨命运的不公，不如看淡不平；宽容了他人，就是宽恕了自己。

"沧浪之水清兮，可以濯吾缨；沧浪之水浊兮，可以濯吾足。"弘一大师说，咸有咸的滋味，淡有淡的滋味；无论是咸菜还是白开水，各有各的滋味。只要我们学会品尝，清凉的生活就会洗涤灰尘满布的心灵，混浊的生活则会琢磨粗糙的砂粒而使那内在的珍珠发出光芒！有珍珠的心，看什么都好！

现实的生命，永远不可能圆满。有时平静，有时狂喜；时而寂寞，时而热闹。现实的世界，永远都是变化的，不测的风雨会在午后的大晴朗后来临。变动的世界，正是我们变动的心之映像。若心地澄明，则乾坤朗朗。

不要觉得自己不幸，世上总有比你更不幸的人；不要觉得自己了不起，世上总有比你更了不起的人。

世间危脆，生命无常；五蕴无我，人心动荡。平安、平和、平静，是人们的愿望和追求。心净国土净，心平天下平，心安世界安。一切的问题要反观诸己，少怪罪别人；反思是智慧，不怪罪别人是慈悲。这个动荡的时代，更需要佛法带来心灵的安顿。佛子等安住自心，降伏自心；同时，要弘广大法，树大法旗，擂大法鼓，让法雨普润世间。

动荡的心需要宁静的生活，散乱的心需要专注的生活，无明的心需要觉悟的生活，堕落的心需要灵性的生活。所谓修行，就是过一种宁静、专注、觉悟、灵性的生活。

风动？幡动？不是风动，不是幡动，是"仁者心动"。在人心所动的一刻，才能看到风动和幡动。秋天的黄叶，飘然落下，若非心动，何来秋意之美？一颗流星，一片落叶，都有它们的方向；"云在青天水在瓶"，都有它们的住处。万物

前往科罗拉多沙漠途中的发电风车，2013年7月摄于美国

自来处来，往去处去，便是最美之道。而只有一颗易触的心，才能发现天地之美。

有情众生不仅有生死，而且有三种"情"：一、有情欲。有本能与欲望，才会去追求与奔波，这是生存层次。二、有情感。有情绪的感受，会有喜怒哀乐，这是生活层次。三、有情识。有思想与意识，会去追求生命观的价值与意义，这是生命层次。

人的一生只要做好一件事。在三十岁的时候，一定要选好这件事，即是"三十而立"；在四十岁的时候，能够看到这件事的未来，即是"四十不惑"。人的一生就是坚持做好这件事，因上努力，果上随缘。而是否成功，不仅取决于你的精进与坚持，也取决于你的福德与智慧。

佛法应该是瘸子的拐杖、顽者的净言、弱者的力量、懦者的勇气、愚者的聪明、悲者的喜乐，是一切人生行为中的镜子。佛法应该是生命的本真、人生的真实境界、生活的真实体验。对觉悟者来说，离开众生没有个人的完成，离开个人也没有众生的完成；离开情感没有生命的完成，离开生命也没有情感的完成。人性之中有黑暗，才能映衬出觉悟的光明。只有在觉性和人性的观照中，心中才能有一颗悲悯的如来的种子。心可以很大，可以远离烦恼的束缚，从而勇敢地进入自己的生命经验，勇于肯定心的感觉。无明如是，情欲亦如是，一切烦恼也应该作如是观。

人生如荷花与莲花。荷花洁净纯情，这是艺术的境界；所有的人生都如莲花，经磨难而收获，这是生活的境界；"出淤泥而不染"，这是宗教的境界。荷花与莲花都是人生的不同阶段，既要学会享受"留得残荷听雨声"，也要"濯清涟而不妖"，最后还要学会承担这个世间的苦难。

# 存在篇

图：佛光山佛陀纪念馆里的"善缘好运"石，2013 年 4 月摄于中国台湾

# 存　在

痛苦是一种负担，负担越重，我们的生命就越贴近大地，也就越真切实在。我们的智慧无法承受一种没有负担的生命，如天人的生命，他们的欲望是没有负担的，但是这种生命会变得比空气还轻，会飘起来，会远离大地。所以，人是一种半真的存在，有轻有重，有痛苦有快乐，我们只是在半轻半重的生命中前行。

诗人的一生，只是为了那首独一的诗而来，于是不断写诗，却最终一直没能写出那首诗。当然，也可以说一生的诗也是从那首诗而来，如佛陀所说："无不从此法界流，无不还归此法界。"一生都在说话，在最后一刹那，才发现自己已不能说话了，终于合上说话的嘴巴，但是许多人很不习惯这样的结局。一生的奋斗，无非学会栖居在语言中；一生的修行，无非能够接受不说话的寂静。

最早的人据说来自光音天，光即智慧，音是大音稀声的寂静，说明"本真"是一种智慧、寂静的存在。而一念的欲望，终于使我们失去"本真"，如此便有社会、国家的纷争与躁动。佛陀当年在菩提树下觉悟说："奇哉！奇哉！一切众生皆具如来智慧德相，但以妄想执著而不证得。"一生的修行，就是成就和恢复当初智慧、寂静的"本真"。

西哲说，凡是存在，皆是合理的。唯识说，法者，任持自性，轨生物解。事物皆有存在的理由，存在皆有其价值与意义，而只有有缘与有智慧的人能看见。郁郁黄花无非般若，青青翠竹皆是法身，需要一颗智慧的心。每个人都带一个饭碗来到这个世界，任何人都要尊重别人的饭碗。从生命个体来说，一个人只有确定了自我存在的理由，才能更自信、更柔和、更有力地走在这个世界上。

人，作为存在者而存在于这个世界，又是存在的发问者与改变者；人的意义，就在于认识世界和改变世界，认识自己和改变自己。世界是人的某种外在化，人既是意义的体现者，又是追寻意义的主体，意义的生成即是意义主体的自我实现。所以,认识、改变世界是生命意义的"他者证明",意义主体的自我实现是"自我证明",二者合为一,只是有先后顺序的差别。

道者,一阴一阳,互为对待,相互依存,相互转化;阴阳无法相离,形而上者即是空性,形而下者即是阴阳俱有的人间。阴阳之道,亦是看待世界的智慧之眼:在欢乐中不要失去觉醒的心,那是白鱼的黑眼睛;在痛苦时不要失去对光明的向往,那是黑鱼的白眼睛。

# 时　空

　　时差，是时空转换中我作为"存在者"与存在之间在主体上的不适应。当主体与存在合一时，或者说，当存在以最合适的变化速度在主体中得到呈现时，主体便获得"存在者"的地位，完成了时空的转换。因此，从一个时空维度来说，时间是存在的根据；从时空转换来说，时间是存在的假象。

　　"玉兔号"上天，发现月球一夜相当于地球的十六天。时间有两种——机械时间与心理时间，人们的心理时间是一种对经历的体验，或"光阴似箭"，或"度日如年"，我们都以不同的存在方式刻画着人生的体验。空间是时间的另外一种存在形式，时间在心理上体现为过去、现在与未来。时间是生命有限性的最直接呈现，即是轮回。因此，过去无悔，现在无怨，未来无忧，当下即是超越轮回。

　　生命是有限的，最大的有限性是寿命，寿命即是一生的时间；精力和体力是有限的，即能量会在一定时间内消耗尽。所以，时间是生命有限性的最直接呈现。生命有限性的根本原因在于"心"无法突破思维的限度，不断地在贪、嗔、痴等心理中活动。时间是运动速度在心中的反映，再加上心的思维模式限制，即是生死的根本——轮回（saṃsāra）。

# 缘　起

佛家曰，世间是对待的。道家曰，一阴一阳之谓道。有黑夜才有白天，岁月变迁，惜缘惜时；有痛苦才有欢乐，痛苦造就敏感和细腻，欢乐让人变得广大和温柔。在欢乐中不要失去觉醒的心，在痛苦中不要失去对光明的向往。道本来离阴阳对待，但对待才是世间的真实，阴阳俱有才是世间。如实观照缘起的对待！

随缘是观照当前的因缘，接受、随顺因缘变化；攀缘是随顺自己的烦恼，去追逐外境。随缘是智慧——冷静、清晰；攀缘是烦恼——热恼、无明。随缘是创造因缘、接受因缘、珍惜因缘之后的自然呈现，是主动和积极，而不是无奈与无助；攀缘是对缘起的不了知，是盲目与外逐。要随缘，不要攀缘！要多创造因缘，才会随缘！

如是因，如是果，还必须有"如是缘"。付出一定会有收获，但不知在什么时间、什么地点会有收获，因为还必须有"缘"的成就。"因"的创造是主体自由意志的努力，也可能是一时的；"缘"则来自交互主体彼此互动的呈现，一定是长期累积的。所以，"果"的成就，不仅是一时"因"的创造，更需要"缘"的长期增上。

在缘起的自他依存关系中，"自""他"都是独立的存在个体，但又互为依存，互为意义。所以，我们无法拥有与占有别人，但必须透过别人才能发现自己存在的价值和意义。老师以学生为他者，以学生的进步为意义；父母以孩子为他者，以孩子的快乐为意义。没有他者，我们将无法发现意义；感恩他者，让我们发现生命的意义。

人永远生活在自他关系中，自己应该向别人学习。学习会有模仿的过程，但是任何模仿都必须有自己的定位，否则，这种执著会伤害了自他关系。人只要做最好的自己，只需要和自己的过去比，"人比人，气死人"的古语，当以之作警醒。

在逆境中要增长智慧，尽快地转化逆境；在顺境中要增长福德，防止自我的堕落。

# 无 常

"春有百花秋有月,夏有凉风冬有雪。若无闲事挂心头,便是人间好时节。"无论是生机盎然,还是枯落沉寂,我们都可以惊叹万物之美。其实,最美是无常!未写完的诗、被惊醒的梦、缘尽情未了的故事,都是无常的生命中飞舞的蒲公英,不必去抓取,只需要静心地欣赏那随风飞舞的感觉。无常的世界,从未停下;只要内心表达过,就不必去期待结局。

生活中的许多压力源自未来的不确定性,看不清未来的方向,因对未来一无所知而感到迷茫和恐惧。而解决未来的问题,唯有信仰。对无常的观照而安住于当下,轮回给予未来希望;缘起的智慧通过"他"而解决"自"的问题,以众生的"苦"为自己的痛苦,从而生起无尽的行愿,未来便有无穷的动力。

# 痛　苦

佛教的终极关怀（ultimate concern），始于佛陀对人类的生命本质的智慧观察——一切皆苦，终于度化众生永远脱离生死苦海的悲愿承诺。佛陀的伟大，就在于他发现宇宙人生的真理而且能遵循这个真理，佛陀有老相、病相，但不以老、病为苦，这是他最伟大的地方。

痛苦就是痛苦，因为痛苦是存在的本质；痛苦不是财富，对痛苦的思考才是财富；智慧才是真正的财富。

痛苦是世界的现实形态，是基于自他关系的现实表达，"自"永远受制于"他"；解脱是生命的自由，展现了世界的未完成性，因为非既成的世界离不开人的参与，反过来说，人自身也是未完成性。婴儿是人的"本然"性，但是人的成长是通过知、行而呈现现实品格，参与现实世界的形成过程，即"赞天地之化育"，从而逐渐走向自由。

# 善 恶

实际上,这个世界没有好人和坏人,只有做了好事的人和做了坏事的人。

人一定要有善心,这是自由意志的愿力;善事是众缘和合,不可能做完所有善事。假话不能讲,真话不用全讲;坏事不能做,好事不用全做。

好心是人的主观意愿,好事是相对的,好果是善因与善缘的和合。光有好心,而缺乏智慧与善缘,根本无法成就好事;若无好心,看似好事,终成坏果;有好心,亦是好事,不一定是好果,因为还必须有善缘。所以,好心、好事、好果三者的圆满,才是真正的好事。

# 世　界

社会和世界是众生的共业，最好的办法是接受，因为共业不可转；自己的生命是不共业，必须将其转变与提升。通过转变和提升自己的不共业，才能更好地推动共业的改变，而改变自己才能改变世界。所以，佛教的社会观基础是改变自己的生命，从而推进社会进行"改良型"的改变。

老子说："我有三宝，持而保之。一曰慈，二曰俭，三曰不敢为天下先。慈故能勇，俭故能广，不敢为天下先，故能成器长。"爱护别人才会有勇气，节俭才会有广大的心，不敢居天下人之先，才能成为万物的主宰。科技的发展导致更多的物化，失去人味，失去慈爱的心，灵性变得狭窄；追求时髦，想抢在天下人的前面，反而成为物质的奴隶。

我想让这个世界永远和平，没有战争，没有疾病，没有饥饿，任何人的脸上永远是平和的微笑，没有痛苦的眼泪；我想喝一口甜甜的水，不用担心会中毒和熏臭气；我想吃一碗香香的米饭，获得一种自然的满足，不用害怕是非法转基因还是毒大米；我想呼吸清新的空气，没有沙尘和雾霾；我想每个人通过自己的努力，都能获得生命意义的证明，法律公平、公正，政治清廉、民主，国家没有外忧亦无内患……

我们要用智慧去面对这个世界，不要让这个世界增加我们的无明；要用慈悲去救助这个世界，不要让这个世界增加我们的嗔怨；要用宽容去面对别人，不要让别人增加我们的狭隘；要用笑容去改变这个世界，不要让这个世界剥夺我们的笑容；要让别人对这个世界生起希望，不要让这个世界改变我们的希望。

世间任何事物都是对待的，我们今天所处的时代，是最好的时代，也是最坏的时代。物质文明高度发达，人们却为了生存的竞争而忙碌，为了战争的毁灭而惶恐，为了欲海的难填而烦恼。在精神上，是最痛苦的。只有科学、文学、艺术、哲学、宗教的均衡发展，才是人类的全面发展，人类才有希望。

我们无法改变这个世界，但是要去做正确的事情；同时，要在力所能及的范围内做正确的事情。

# 国　家

我的国家观：一、国家是"天下"的，其主体是人民，国家的发展取决于人民。二、人民对政府的三大作用——信任、委托、接受管理。人民要信任政府的行为，同时将自己的权力委托给政府，最后要接受政府的管理。三、政府对人民的三大作用——服务、典范、规范。官员的行为对社会风气有典范作用。

国家的前途取决于人民，人民整体素质提升，国家才有未来。国家的未来受两方面影响：一、政府，吏治问题是国家兴衰的重要因素；二、教育，教育是给国家未来输血的机构，学校要给予学生道德、法律意识，而不是功利的知识。

所有对政府的批评必须基于理性与现实：理性才能避免偏激，才会对政府提出建设性的意见；现实才能避免空想，我们研究借鉴无论是新中国建立前的思想还是西方的政治理想，都必须基于现在政府的状况这一现实，批评才具备现实意义。缺乏理性与脱离现实的批评，对人民、政府和自己都是一种伤害。

我热爱这个国家，无论走多远，都会想着他。我不想让别人说他的坏话，我舌枪唇剑，就想告诉别人，我的祖国是多么伟大！可是，有时想起他，也会心痛，比如多少名山大川被圈起来卖门票，每次回去自己的寺院，都得等开门。我爱他，所以我痛他，我愤怒！

我们要祈愿政治清明，人民安乐，世界终有变好的一天；世界的呈现来自我们的愿望，谩骂、诅咒不能改变这个世界，建设性的、积极的、乐观的愿望才能创造世界。

# 死　亡

　　海德格尔说，人是"向死"的存在，每一次的人生都是孤单的死亡之旅。正是因为生命有缺陷、孤单与不满足，人间才有夫妇、父母、朋友；所有的关系无非帮助我们走向圆满，而不是占有与分裂。无论人生之旅什么时候结束，留在这个世界都需要勇气、信心与愿力，那就继续走下去——无畏、无忧、无喜！

　　来是偶然，走是必然，活着是一种奇迹。我们是寄居在时间和空间中的寄居蟹，踽踽终日，不断寻找着更大、更合适的壳。其实，一开始就没有壳，最后我们走不动了，把壳还给世界。我与世界淡然擦身而过，这是缘起中的奇迹。竹子自在地长在我的眼前，摇曳着身姿；眼前的每一个人、每一种颜色，都是一种美丽的奇迹。生命中的相遇、擦肩而过的回眸，就是生命最大、最美、最珍贵的奇迹！

我们行走在生死的旷野上，每个人都在路上。死亡如迷雾般笼罩着我们，我们确定——总有一天一定会死，我们不确定——何时或如何死？当我们还活着的时候，我们可以用两个方法处理死亡：忽略死亡，或者正视自己的死亡——借着对于死亡所做的清晰思考。

中国坟墓上的地藏王菩萨、西方坟墓上的十字架，都是人类对光明的希望，对崇高的探索，对境界的追求。哪怕身处人生的低谷、死亡的坟墓，心中也必须有地藏王菩萨的誓愿、十字架的救赎。只要心中不放弃，险滩就是坦途。

正心 正言 正行

# 烦恼篇

图：金刚大学里的"正心、正言、正行"字幅，2013年7月摄于韩国

# 烦　恼

问题是时代的声音，烦恼是内心的声音，痛苦是生命的声音。面对声音，不能去抗拒，只能静静地聆听，然后全然地接受，最后解决问题，断除烦恼，痛苦会自然地消失。

"春有百花秋有月，夏有凉风冬有雪。"我们现在的一切似乎都可控制——四季都有大棚菜，永远都有怒放的花。可以在冬天温暖的房间里吃着冰淇淋，在夏天凉爽的空调房里吃着火锅，以至于没有看到野花怒放的田野，也很少在夜晚的庭院下挥扇乘凉。难道一切真的都可以人为控制吗？那么雾霾、沙尘暴呢？醒醒吧！人……

师兄甲问师父"坐禅的时候能否抽烟？"，遭到师父的怒斥；师兄乙请教师父"抽烟的时候能否坐禅？"，却得到师父的允许。同样一件事，转一个弯，烦恼即菩提。

人生其实十分公平，没有无缘无故的得到，也没有无缘无故的失去。有时，我们是用物质上的不合算换取精神上的超额快乐，表面上我们似乎失去了许多物质上的享受，其实我们却得到了用任何物质都无法换来的精神快乐；有时，我们看似占了金钱上的便宜，却同时在不知不觉中透支了精神上的快乐。

《维摩诘经》说："是故当知，一切烦恼为如来种。譬如不下巨海，不能得无价宝珠，如是不入烦恼大海，则不能得一切智宝。""譬如高原陆地，不生莲华，卑湿淤泥，乃生此华。"人有一个多情多欲的身体，有愚昧，有情爱；有烦恼才能生出佛法，才能生出如来的种子，即"若有缚则有解，若本无缚，其谁求解？"。但是，要观照烦恼，转化烦恼，接受烦恼，安住在烦恼中。

面对我们的不完美生命，接受自己的不完美，不必呈现自己不真实的完美。不必对自己的烦恼生烦恼，让烦恼自然地存在，观察它的生起与消失。

# 名　利

名利心是一种比较的心。总是把自己置于一种与他人的比较中,便不能如实地接受自己,不能正确地认识自己,所以名利心中总是夹杂着自卑和傲慢。其实,每个人都有自己的优点和缺点,如实地接受自己的优点和缺点,充分发挥自己的优点,不必拿自己的缺点与别人比较。正确的认知、平等的心态,有助于降服自己的名利心。

佛法的事业不是个人的成就,是佛菩萨的加被,是大众和合共同努力的结果。个人的扩张欲与事业心若依佛法的名义而获得成就,必将损福。个人的名利是修学功德感应的呈现,不是追求而来的;任何通过追求而获得的名利,最终将如刀上蜜。修行者要对名利淡然一点,对自我放下一点,对佛法事业坚持一点。

# 团　队

团队是每个个体力量的凝结与集合,从而形成一股大于单个个体的力量。团队是对生命个体有限性的超越,团队要给予个体安全和信任,还有爱和欢乐。团队的超越性是建立在个体的共同利益上的,所以团结与合作是团队的核心精神;个体要在团队中实现自己,矛盾是团队的现实状态。团队领袖容易借助于特殊地位,将团队变成其私人利益,团队就彻底"异化"成权威者自身。

组织的有限性是"共业",非个别人的"愿力"所能转,这就是"共业不可转"。改变"共业"的唯一办法,是所有个体"同愿同行"。作为凡夫菩萨,理解组织的有限性,要认识到"共业不可转",深入观照缘起法,坚守自己的责任与义务,不断地去创造善缘,达成"同愿同行"的共同事业。

学历和学位是学习的一种经历与能力,并不代表成就;团队的荣誉是大众的共同成就,并不代表个人。身处高位,如《十住断结经》说:"虽处豪贵亦不贡高,护于众生,不舍众生。"福报是我们拥有更多的付出机会,而不是享受的依据。《大乘宝云经》说:"贡高者,非大人相。"不珍惜自己的福报,必然堕落。所以,人要"不自大,不自下,恒处于中"。

终南山至相寺里打盹的僧人，2013年11月摄于中国陕西

修道篇

图：苏州西园寺大雄宝殿，2013 年 8 月摄于中国江苏

# 修 行

　　修行亦难亦易：易，春在枝头即是祖师意；难，恒河沙烦恼难断、难除。理上明白终觉浅，需要在事上切磋琢磨。理上要看穿、想透，而不是看见、想到；事上要体验、总览，而不是经过、散见。办事重在平稳而不在利落，重在开拓而不在成事。处世要平和而不在和平，要无仇而有友；交友重在知心而不在众多，重在纯洁而不在热烈。

　　在修道途中，常常看到许多误区："欲望"常被误认为"信心"，"贪爱"常被误认为"慈悲"，"觉受"常被误认为"证悟"，"入魔"常被误认成"密行"，"骗子"常被误认作"成就者"，"欺骗愚迷"常被误认成"善巧方便"，"心意造作所显之空"常被误认为"本体如是之空"。

修道无他，无非"承受"二字。承受痛苦，更精进、勇猛，望佛道长远，不失菩提心；承受诋毁，默然接受；承受快乐，观快乐无常，故淡然处之；承受功德，观缘起无自性，不生骄慢；承受利养，观无常、无我，故隐忍、谦虚。

管好自己的身体，没有身体，一切理想和梦想都是虚无的；管好自己的心，心不好，生命最终也是不好的；管好自己的嘴巴，祸从口出，图一时口舌之快，终会酿成大祸；管好自己的情绪，心好不好没人知道，情绪却容易表现出来。生命从自我管理开始！

当我们是蹒跚学步的儿童时，通过无数次的跌倒，终于学会了走路；可是，长大后，我们恐惧、抗拒跌倒。儿童跌倒不会受伤，因为儿童身心柔软，能够马上忘记痛楚，也不恐惧、不抗拒跌倒。老子强调要"复归于婴儿"，要做到"常德不离""专气致柔"，就是希望我们如婴儿般身心柔软，活在眼前，不恐惧，不抗拒。

品质是事物价值的体现。一个修道人要照顾八万细行，才有三千威仪；平凡地生活，才能体现生命的深义；"春有百花秋有月，夏有凉风冬有雪"，短笛无腔信口吹，小楼昨夜听春雨，这是生活的原点。所以，生命是由轻薄短小的历程所组成的，所谓命光不空过，生活在当下，就是去体验当下小历程中深刻的意义；体验，更深入的体验，这是到彼岸的智慧之路，"揭谛，揭谛，波罗揭谛，波罗僧揭谛，菩提萨婆诃"。

冈波巴开示：

（一）信心小而智慧大，就容易成为"空言多舌"者。

（二）信心大而智慧小，就容易成为"顽固不化"者。

（三）能努力精进但没有真实口诀的人，就容易走入错误及过失之道。

（四）最初如果没有在闻思上用功夫，就会流入黑暗迷蒙之禅定。

（五）若不在智识和实证上痛下功夫，就会成为自以为是的学佛者。

（六）若不在大悲心和善巧上努力，就会流入小乘。

（七）若不在般若空性上力学精修下真功夫，一切所作所为皆属生死轮回边事。

## 附：五戒——五项正念的修习

### 一、尊重生命

觉知到伤害生命所带来的痛苦，我承诺培养相即的智慧和慈悲心，学习保护人、动物、植物和矿物的生命。我决不杀生，不让他人杀生，也不会在思想或生活方式上支持世上任何杀生的行为。我知道暴力行为是由恐惧、贪婪和缺乏包容所引起的，源自二元思想和分别心。我愿学习对任何观点、主张和见解保持开放、不歧视和不执著的态度，借以转化我内心和世界上的暴力、盲从和对教条的执著。

**二、真正的幸福**

觉知到社会不公义、剥削、偷窃和压迫带来的痛苦，我承诺在思想、语言和行为上修习慷慨分享。我决不偷取或占有任何属于他人的东西。我会和有需要的人分享我的时间、能量和财物。我会深入观察，以了解他人的幸福、痛苦和我的幸福、痛苦之间紧密相连；没有了解和慈悲，不会有真正的幸福；追逐财富、名望、权力和感官上的快乐会带来许多痛苦和绝望。我知道真正的幸福取决于我的心态和对事物的看法，而不是外在的条件。如果能够回到当下此刻，我们会觉察到快乐的条件已然具足；懂得知足，就能幸福地生活于当下。我愿修习正命，即正确的生活方式，借以帮助众生减轻苦痛和逆转地球暖化。

**三、真爱**

觉知到不正当的性行为所带来的痛苦，我承诺培养责任感，学习保护个人、家庭和社会的诚信和安全。我知道性欲并不等于爱，基于贪欲的性行为会为自己和他人带来伤害。如果没有真爱，没有长久和公开的承诺，我不会和任何人发生性行为。我会尽力保护儿童免受性侵犯，同时防止伴侣和家庭因不正当的性行为而遭受伤害和破坏。认识到身心一体，我承诺学习用适当的方法照顾我的性能量，培养慈、悲、喜、舍这四样真爱的基本元素，借以令自己和他人更加幸福。修习真爱，我知道生命将会快乐、美丽地延续到未来。

**四、爱语和聆听**

觉知到说话缺少正念和不懂得细心聆听所带来的痛苦，我承诺学习使用爱语和慈悲聆听，为自己和他人带来快乐，减轻苦痛，以及为个人、种族、宗教和国家带来平安，促进和解。我知道说话能带来快乐，也能带来痛苦，我承诺真诚地说话，使用能够滋养信心、喜悦和希望的话语。当我感到愤怒时，我决不讲话。我将修习正念呼吸和正念行走，深观愤怒的根源，觉察我的错误认知，设法了解自己和他人的痛苦。我愿学习使用爱语和细心聆听，帮助自己和他人转化痛苦，找到走出困境的路。我决不散播不确实的消息，也不会说引起家庭和团体不和的话。我将修习正精进，滋养爱、了解、喜悦和包容，逐渐转化深藏我心识之内的愤怒、暴力和恐惧。

**五、滋养和疗愈**

觉知到没有正念的消费所带来的痛苦，我承诺修习正念饮食和消费，学习种种方法以转化身心和保持身体健康。我将深入观察包括饮食、感官、意志和心识在内的四种食粮，避免摄取有毒的食粮。我决不投机或赌博，也不饮酒、使用麻醉品或其他含有毒素的产品，例如某些网站、电子游戏、电视节目、电影、书刊和谈话。我愿学习回到当下此刻，接触在我之内和周围清新、疗愈和滋养的元素。我不会让后悔和悲伤把我带回过去,也不会让忧虑和恐惧把我从当下此刻拉走。我不会用消费来逃避孤单、忧虑或痛苦。我将修习观照万物相即的本性,学习正念消费,借以保持自己、家庭、社会和地球上众生的身心平安和喜悦。

——摘自一行禅师《我们的世界》

# 学　佛

佛者，觉也，自觉觉他，悲智双运，福慧圆满。佛是"人"加"弗"——一个"人"追求觉悟的过程。人不是佛，人与佛的差别在于迷与觉。通向"佛"的道路："弓"是弯弯曲曲的，因为心性的沉沦与提升是一个无常反复的过程；"丿丨"表明成佛是福慧双修的道路。凡夫的觉悟，就是反思自己的缺陷，不断忏悔自己的不足，积集福德、智慧资粮的过程。

学佛就是分享诸佛的觉悟生命，理解他们的智慧与慈悲，从而使现实世界的一切活动都透过因果作用而形成现实状态。

文殊菩萨与普贤菩萨的精神，体现了"知行合一"。智慧必须转化为行动，以实际的行动去通透生命，才是真正的智慧。

# 法　门

## 法门是种"缘"

在开始学佛的道路上,许多人往往对法门有了新的执著,某一法门"殊胜"或"即身成就",于是像"急病乱投医"一样,不断地变换"法门",诵经、念佛、持咒、坐禅……其实,法门是种"缘",如谈恋爱一样,在某时某刻遇到"它",剩下的只有"专注"与"坚持"。没有最好的"法门",也没有最适合你的"法门",只有和你有缘的"法门"。

此外,"法门"并不是"修行","法门"只是修行的工具。如电脑系统一样,"法门"如杀毒软件,是保证系统正常运转的"保护工具"。若无"法门"的修持,我们的生命系统就可能会带病毒运转,最后崩溃。真正的修行对象,如电脑软件OFFICE,生活才是真正的修行对象,我们要把生活的精神、意义和方式进行提升和改变。修行的真正意义，就是保证如电脑系统 WINDOWS 般的永恒意义，使其作为生命的窗口和支撑，实现永远的开放、幸福和意义。

所以，不必纠结于"法门"，一生只要专注、坚持一个"法门"，这是对学佛"缘"最好的接受，相信"法门"的殊胜功德一定会显现的。不必到处去求一个"法门"，最好的观照对象是在生活中的那颗心，看护好这颗心，让生命系统呈现最好的状态与最大作用，就是修行的全部意义。

## 法门是种境

所有的修行法门只是一种殊胜境，念佛是清净的境，坐禅是专注、清明的境，持咒是秘密、神秘的境，诵经是智慧、语言的境。因此，修习某个法门，只是换了一种"所缘境"，其原理仍然是"历境炼心"。法门功夫的成就，有助于修习者在生活中"历境炼心"；法门修行的目标与归宿，仍然是生活自身，在生活中保持清明、自在、智慧的心，制心一处，认真对待生活，这才是"生活即修行"。

# 生　活

生活与生命都需要空间。发生车祸，失去了行动的空间；教育孩子，需要给他成长的空间；夫妻相处，需要彼此独立的空间。宽容是性情的空间，懂得宽容别人，自己的性情就有了转折的余地。从容是作息的空间，是最庄严的生活态度。戒律是自我的空间，守住自己的空间，才能给予他人空间。

在生活上，做一个平凡的人，如实地观照自己的生命，过去不悔，现在不怨，未来不忧。平凡拒绝平庸，平庸是一种堕落；平凡拒绝特殊，特殊意味着烦恼。平凡的人生，有苦有乐，有哭有笑，有血有泪，有情有义。所有人生的起伏都是正常的，接受人生所有的变化，安住在无常中，观照那个天天生烦恼的"我"终究不可得。

禅在生活中，生活是人心的呈现，禅是直指人心。肚子饿了要吃"云门饼"，要"喝粥去"，然后喝点"赵州茶"。宋朝无门慧开禅师赞颂说："云门胡饼赵州茶，信手拈来奉作家。细嚼清风原有味，饱餐明月却无渣。"如果不明白此中真意，则需要"德山棒""临济喝"，一棒一喝惊醒梦中人，破无明迷网。

时间和空间是人生织锦的两道梭子，它们来去穿梭，谱写生命之歌。于是，便有不死不老的神话，求长生不老的药。我们是凡人，没有神仙的运气，只能静静地看日升、月落、风过、星沉，看见时钟滴滴答答走动，看见花开花落……一切都是流动时空，只要有一颗不变的心，就能够在一刹那间具足呈现永恒的意义！

弘一大师曾开示夏丏尊言，咸菜"咸有咸的味道"，开水"淡也有淡的味道"。生命中的聚与散、幸福与悲哀、失望与希望，是世间真实相的反映，如果愿意品尝，样样都有滋味，样样都是生命中不可或缺的。但是，只有超越了咸淡的分别，才能品味出咸菜的好滋味与开水的真清凉。我们可能没有能力选择生活，但是一定可以选择生活的滋味。

生活需要一定的空间，好吃的菜要慢慢地嚼才能尝出好味道，好的围棋要慢慢地下，好的生活要细细地品味；不要来不及品尝生活的味道，就匆忙地走完人生之路。相处需要一定的空间，提前预约是给人准备空间，尊重隐私是尊重别人的空间，赞叹别人是欣赏彼此的空间。拥有空间，人生才能通畅，生活才能淡定、从容。

生活如面包，买一块吐司容易，但选择有馅儿的面包就难；我们要生存很容易，但要生活得有内容、有滋味就难。生活的最终问题就是生命，不能只顾物质而不顾心灵，不能强调心灵而鄙视物质；只有视野开阔的人，才知道心灵与物质平衡的重要性。一个有慧心的人，自然可以找到既可充饥又好吃的面包，而且还能享受面包。

生活就是一部难念的经，我们不懂它的意思，可是仍然天天都要念。修行就是要把生活里的那本经读懂、读通，从而豁然开朗。

不敢使用微信的原因：一、害怕沉迷，不想每天都被一个手机控制着，无论是吃饭、睡觉、诵经乃至上洗手间，当然对自己的定力从来都不是太自信；二、不想和太多人有联系，其实生命成长的真正导师是自己，"自皈依"是核心，而不是依赖于某个人，更不是我这样的凡夫；三、想保留自己独立思考的空间，聆听自己的声音，用一个稍微完整的"自我"去面对这个世界，用自己的大脑，说自己的话，而不是听从某个群里人的话。

## 附：示年轻人创业

昨日，一位不算太熟悉的年轻朋友找我谈创业。一个人想要有所作为，面临的问题是：为何去创业？创业的独特性在哪？如何去创业？

在商业、信息十分发达的时代，人们变得更加迷茫与无奈，当人们想去有所为时，常常不明白自己从事职业的根本动因。职业的最终选择，是一种探索自我的道路，是由内而外全面造就自己的过程。所以，一种职业不仅是谋生的手段，也是社会生活的重要组成部分，更是生命自我实现和自我提升的过程。许多四十岁的人，当完成家庭生活的责任、到达职业生涯的巅峰后，会处于更加迷茫的状态，因为许多人的职业生涯规划只有"自我价值"，从未想过为社会、为他人做点事情。其实，功利无可厚非，但是人生到达一定阶段后，必须通过帮助别人而树立自己的人生价值。

在人生的职业生涯中，尤其在二十多岁的阶段，我们往往获得了许多帮助，这些帮助会造成更加强烈的依赖感。职业生涯无非是让自己从依赖走向独立，更高的阶段是让别人依赖你。但是，在公众领域，彻底的独立实际上是不可能的，因此团队精神至关重要，所谓团队精神，就是互相依赖。自我与他者，体现了缘起的互为依存关系。所以，人际关系就是通过沟通、表达，了解他人，认识自己，从而实现双赢的人际格局。因为任何自我都是投射在他人印象上的结果，人们会在了解他人的过程中去认识自己。所以，良好的人际关系，不仅是事业成功的保证，更是生命境界、情商提升的基础。

在个人的职业生涯中，一个人要永远处于不断综合、创新的过程中，永远向自己的前辈乃至竞争对手学习。创造、创新不仅是职业的需要，更是生命幸福的根本要素。在职业的创造中，完成并解决生存、生活乃至生命的问题。不断自我更新与平衡是职业提升的根本原则，职业、生活、身体乃至生命的全部提升，才是平衡、和谐发展的保证。所以，要永远地学习，读书，内省，反思，听课，锻炼身体，与他人沟通，不断地从内而外造就自己。

个人在处理事情方面，要有积极主动的热情。热情、专注、坚持是成功的要诀。所以，成长的过程，不仅是追求梦想、实现理想的过程，也是拒绝诱惑的过程，不断地回到"原来"，从始至终，从终为始，坚持自己，实现"自我价值"。随着个人的成长，会出现日理万机的情形，所以要学会统筹、规划，要学会处理紧急事情，有序安排事情，在忙乱中有淡定、从容的心境。

创业，是一种职业的创新、生活的创意、生命的创造。想好了，就行动！

# 人际关系

学做好的别人，做最好的自己。

世界总是有缺陷的，人的性格也是如此，因此觉察自己的缺陷是最重要的。不过也要留一些"缺陷"给自己。凡事不能太满，做人也不能太"满"。总有一种性格会得罪人，说话直得罪小人，老好人会得罪有原则的人。不必让所有人满意，因为总会得罪人；做好自己，也做好承担得罪人的后果。

别人对我们友善，要赞叹、感恩；别人对我们有恶意，要反思、提升。很多人逃避这些恶缘，如嫉妒、毁谤、反对等。认知及面对恶缘的产生：一、世间真实相，因为善恶是世间对待相，对待即真实；二、自身生命的不足，我们的每一丝烦恼都会引来恶缘；三、反思、慎微，努力改善，同时放下这些杂音，专注，坚持往前。

不同的选择缔造不同的人生。放弃也是一种选择，别为失去的伤心；舍得舍得，有舍才有得。人生做好一件事，就是成功；做大事者，必须做好小事；做事者只需要专注、坚持。任何人都离不开团队，团队中无大人物、小人物；包容异己，是团队的核心；为他人着想，是人际关系的根本。

世间的存在都是关系的存在，不是孤立的；无论做什么，都要考虑"别人"的存在。世间只有必然性，没有偶然性；无论做什么，都别忘了"因果"的存在。世界都是变化的、无法控制的；无论做什么，都别忘了改变自己。

人面对自己时，必须意识到自己存在缺陷与不足，是一种有限的存在。人面对别人时，必须意识到人与人存在着差异与不同；当与别人相处时，要意识到每个人都要实现自己的目的。其中有反思的智慧，也有"共生"的使命与责任。

请教别人，并不是为炫耀自己，而是出于自己真的不懂；帮助别人，重要的是自己有心有愿，无所谓力量多少；善待别人，只是出于自己的良心，不是可怜别人；教化别人，只是出于交流与沟通，不是自己懂得太多；批评别人，完全是出于自己的善意，而且也要别人能接受。

怀着一颗真诚的感恩心，真心地赞美别人，放下对世间的抱怨与牢骚，才能获得良好的人际关系，才能保持一颗柔和的心。《贤劫经》云："面常和悦，舍其愠色，而先问讯，恭敬长、幼、中年之士，心常咨赞，怀仁恩宜，无所娆害，不在言说，常叹寂然淡泊之行。所在和同，合众别离。等心怨友，无憎爱矣。"

人的生活无非是关系的处理，生活的矛盾在于关系排序的错误。总结人的关系，无非是"情""义""礼"，"情"即家庭生活，"义"即朋友、亲戚等生活，"礼"即工作生活。在生活中，必须依照"情""义""礼"的顺序，不能混乱。许多人因为重江湖义气、工作礼节，忽视家庭；或者将客户与朋友混淆，既失去朋友，也无法有业务往来。

人的成长是受别人帮助的过程。所以，要把别人看成助缘，而不是工具。助缘是一种情义，是欢喜和感恩，会不断增益；工具是一种利益，是冷漠和仇怨，只有一时的用处。多一些欢喜和感恩，少一点利用。

# 信　仰

生命的意义不是自明的，而必须加以证明。证明方式有二：一、自证，有信仰、爱情、自我实现；二、他证，有名、利。爱情的证明是短暂，而且容易受婚姻等现实的异化；自我实现的证明，有时缺乏"无限存在"的观照，不容易持续；信仰是生命意义的易持续、最有效的证明方式。有信仰不一定幸福，没有信仰则一定不容易获得幸福。

不要试图把自己塑造成圣人，要接受自己，安然自在地与自己相处，不要把别人对你的期待当成压力与负担。没有人是救世主，共业不可转，我们能做的就是守护好自己的心灵，并力所能及地去帮助身边的个体生命进行改善。没有人可以作为最后的依靠，信仰是心灵的最后归宿，就是依靠自己，对自己负责；"自依止，法依止，莫异依止"。

娱,一个女人用嘴巴把天置于下面,这样,人们就快乐了。在无信仰的时代里,"天"早已被人们踩蹿没了。没有"天"的时代,所以有雾霾。

生命的本质是痛苦的,无论我们如何千辛万苦地去朝圣,坚持不懈地坐禅、诵经,都无法改变痛苦的本质。生命如苦瓜,吃下是最好的办法。但是,信仰让我们拥有一份希望,能够淡然地去准备受苦。认识那苦的滋味,自在、从容、淡定的心才是智慧。不用去改变痛苦的本质,而是认识痛苦,接受痛苦。

全球化时代的宗教信仰:一、全球化促进信仰的兴盛,因为全球化意味着更多的割裂和碎片化,人们必须通过信仰来弥合心灵上的裂痕;二、全球化促使人们通过选择信仰来确认文化和民族,如许多中国人在国内时并没有信仰,移民国外的许多人选择了佛教,依佛教完成文化认同和民族认同;三、全球化意味着信仰选择的增加,信仰更改现象更为普遍。

佛教信仰的内涵有四:一、信佛,相信诸佛菩萨的真实存在;二、信法,相信并认可宇宙的规律,核心是相信因果;三、信僧,相信并愿意去亲近三宝的清净,这是佛教的神圣性所在;四、自信,相信自己有能力去成就觉悟的生命。

礼敬诸佛，佛即觉悟。一、恭敬礼拜，对治我慢；二、恭敬父母师长，报恩谦逊；三、尊重自己，自尊自爱。礼敬别人则庄严自身，尊重自己则提升自己的人格。礼佛时，要观想自己腾跃于虚空中，虔诚礼拜于佛陀足下；处事说话时，要恭敬、谦逊；独处时，要节制、慎敬。

活佛转世的可能：一、活佛的愿力、功德、智慧与慈悲。这让他在累劫的轮转中不会迷失与堕落。二、众生的愿力。所有众生都祈愿活佛能够转世，强烈的共同愿望形成活佛转世制度，从而对活佛的生命形成依托。三、后天的培养。先天殊胜的生命再加上特殊的、最好的教育，会让他更有力量。

我无意中见到下图中他的侧面凝视，被那种慈悲的不舍所倾倒。他接引正面而来的众生，施以无畏，给予愿力与鼓励；同时，又不忘那些不曾正面而来的众生，侧面凝视而施以关怀。那些慈悲的不舍永远是我们的榜样——永远要回望这个苦难的世间。

| 修道篇・信仰 | 57

佛陀像

# 理　想

人生有时如走进山谷，既迷失了方向，也失去了希望。其实，山谷的最低点是山的起点，走进山谷的人之所以走不出来，是停住了脚步而蹲在山谷里哭泣的缘故。山重水复疑无路，柳暗花明又一村。人生总有走进山谷或谷底的时候，不要丧失希望，坚持自己的理想，不要停下脚步，前途就在双脚的前方。

执著与理想的相同点都在于黏著，其差别在于：一、执著来自欲望，理想来自愿力；二、执著的方式是依附和占有，理想的方式是专注和坚持；三、执著的方向是向下堕落的生命，理想的方向是向上提升的境界；四、执著的实现会有得失之心，得之则喜，失之则怨，理想则不必一定要实现，故无得失之心。

理想源于对现实的永远不满足，但是美丽的理想必须拥有现实的骨感，需要用行动去实现理想。理想是一盏灯，照亮前方；理想是一座塔，激励着自己。现实的理想主义者，用理想观照着自己的生活，指引着自己的人生，专注、坚持着自己的理想，而不期待理想的实现，因为理想之所以是理想，在于不可实现。

当我们强调理想和使命时，应该反问自己：这是不是欲望的另外一种表达方式？欲望是无穷的，生命是有限的，若是追求名利的欲望，则堕入无穷的深渊。所以，实现理想和使命的前提，是接受自己的有限性。所有世间的事业都是心性的呈现，修道人在从事世间事业时，要反观自心。在事业上，要强调生命的有限性；在理想和使命上，要强调意义的无限性。信仰、智慧与慈悲，即在有限与无限之间。

勇气是愿力的表达，用爱和智慧去面对世界和他人，在困境中逆流而上，在顺境中坚持目标不移。所以要坚持目标，乐观地看到未来，接受妥协与困境，激励自己，真诚地面对自己。

世界排名前十位的奢侈品：一、信仰和理想；二、真诚和慈悲；三、质朴和童心；四、品德和责任；五、快乐和健康；

六、魄力和信心；七、睡眠和假期；八、胸怀和心态；九、良知和道德；十、经历和故事。这些成为奢侈品，人即符合孟子的感慨："人之所以异于禽兽者，几希。"

# 香供养

沉香之所以让人喜欢，是因为它有一种素朴悠远的香气，香气从内部散发出来，永远不会消失。沉香作为供养的极品，使我们有更深的感受，有坚定不变的心，有深沉的积累，谦虚隐忍如同潜在水底。沉，沉静内敛；香，弥久不散。在这无常、浮动的世间，要拥有一颗深沉、不变的香。

香，一道青烟袅袅而上，从平凡的世界，上升到我们向往的天堂。我们不知道它到底飞往何处，但是它成为我们的心灵与愿望，在空中散去，去往我们那个心灵归宿。所以，一炷香，是一颗安定的心，相信在那个世界一定有一尊佛菩萨，聆听着我们的声音。心情不好时，燃一炷香，将烦恼诉说给佛菩萨；心情好时，与佛菩萨共同分享生命的喜悦。

# 观世音菩萨

## 观世音菩萨祈愿文

您的出生,无疑是大千世界的最大福音。您慈悲的双眼,观照众生的痛苦,消去内心的伤痕;您手中的杨柳枝,把清凉带给热恼的世界;您无处不在的应身和千手,用种种方便满足了众生的需求。姑妈!您是我生命中最大的依怙!困难与苦恼中,伤心与悲愁中,都是您爱抚和支持我。

愿我具足如您一样充满慈悲的双眼,能够平等对待一切人和事,能够观察别人的痛苦,生起同情心、同理心!

愿我成为您的一只手,能够帮助您在这个世间做一点度化众生的事情。我的能力有限,希望您多指点我,无论是梦中,还是在应身化现的时候!

愿我成为您的杨柳枝,多给别人带来清凉和智慧,千万不要给别人痛苦与热恼!

愿我成为您的坐骑——鳌，在云游世界各地时，能够成为佛法的使者，众生的福音！

愿我像您的因地修行一样，愿行并举，于极平凡的日常生活中起步，精进不息；持诵《大悲咒》《心经》，修习耳根圆通，福慧双修；内外同学，精进学习佛法，修习世间学问，能够应机设教！

最后，愿我真正成为您！

## 观世音法门的修习体系

《心经》云"照见五蕴皆空"；《楞严经》云"反闻闻自性"，从而达到空觉极圆、不生不灭、清净妙乐、自在无碍的"十方圆明"境界——这是观世音菩萨观照万法的自性，证入真理，成就觉悟的根本法门。而成就觉悟的究竟目的是为了"观世音"——观照世间的音声，随众生称名呼救之声音而前去救其苦难，是神通无边的洞察与感应，经中称此为"自在神力""自在妙力"，这是《普门品》的三十二应身。

但是，"观照自性"与"观世音"的中间枢纽，就是大悲心和大愿力，这就需要持诵《大悲咒》。《大悲心陀罗尼经》中说："大慈悲心是平等心，是无为心，是无染著心，是空观心，是恭敬心，是卑下心，是无杂乱心，是无见取心，是无上菩提心，是当知如是等心，即是陀罗尼相貌。"

最后，发愿：

南无大悲观世音　愿我速知一切法
南无大悲观世音　愿我早得智慧眼
南无大悲观世音　愿我速度一切众
南无大悲观世音　愿我早得善方便
南无大悲观世音　愿我速乘般若船
南无大悲观世音　愿我早得越苦海
南无大悲观世音　愿我速得戒定道
南无大悲观世音　愿我早登涅槃山
南无大悲观世音　愿我速会无为舍
南无大悲观世音　愿我早同法性身
我若向刀山　刀山自摧折
我若向火汤　火汤自枯竭
我若向地狱　地狱自消灭
我若向饿鬼　饿鬼自饱满
我若向修罗　恶心自调伏
我若向畜生　自得大智慧

《心经》《楞严经·耳根圆通章》是观世音菩萨的智慧法门，《大悲咒》是慈悲法门，《普门品》是感应法门。因此，普隐学堂根据观世音菩萨的修学体系，规定学员次第持诵《心经》《大悲咒》《普门品》。

修道篇·观世音菩萨 | 65

观音像

# 接 受

凡夫的本质在于生命的有限性。接受自己的有限性，承认自己是凡夫，这是事业与修行的前提。在生活上，接受身体、时间、精力的有限性，集中精力做好最需要做的事情；在为人处世上，接受所有的人，因为所有人都是凡夫，这才是真正的平等；在心灵上，接受自己的烦恼，安住在烦恼中而不烦恼。

完美主义者想让自己完美，可能会成圣人，当然也可能毁了自己；因为只要拥有现实的生命，就不可能是完美的。如果想让别人完美，不但可能事与愿违，自己还有可能成为罪犯。完美，就是接受不完美。这是完美主义者的自我反省，我们都醒醒吧！

总有一些人，如果几天没有他或她的消息，就难免挂念；总有那么几个人，偶尔想起来，会有一丝的感动；总会在某种场景中，明知对方的心念也不愿去捅破，因为他还年少、还没成熟，总会有一点缺陷；总会感到有点疲劳，因为肉体和精力都是有限的，不必勉强自己去支撑；总是在许多人身上，发现自己的过去和未来，接受他们就是接受自己。

生命是一张纯净的白纸，人生就是在白纸上写字，当然，不可能所写的文字都是我们满意的。所以，只能努力地写好每一个字，因为认真、专注、坚持是写字的态度；欣赏每一个字，因为那都是生命的创造；接受所写的每一个字，因为涂掉比错写或写不好更糟糕。生命的遭遇犹如水中的浮草、木叶、花瓣，终究会在时间的河流中流到远方。写完字后，要记得休息，舒缓自己的身体与心灵！

# 放 下

菩萨慈悲而非软弱，金刚怒目而非嗔恨。放下，并非放弃，不能放弃对自由、公平、正义的追求。千年前，玄奘法师为法忘躯，为我等带回西天法音；作为后人，不忍他的道场被强盗所拆，悲愤而后有所为，理所当然。宁静的心中永远都有热血，从容的步伐总有急促的时候；不拒绝任何人的质疑，不抱怨他人的无为。护法，佛子的本怀；修法，佛子的生活。只要尽力、尽心，问心无愧而已。

一个水缸打破了，如果我们只在鱼缸前怨恨、诅咒，金鱼很快就会失水而死；如果赶快拿一个新水缸，金鱼就获得重生。人生总有失意之时，不必悔恨，放下怨恨与失意，如放弃破的水缸，用新水缸救活金鱼一样。虽然偶尔会有心痛，但是心里的金鱼依然活着。

我们轻轻地来，也要轻轻地走，要小心自己的步伐会惊动别人，会伤害别人；无论是住山还是在世间，我们都要轻轻地走路，内心的寂静就是深山。我们都是凡夫，都有自己的烦恼，个人因果个人背，不要让佛菩萨或所有人替你背因果。你只需要向一个人说，不必向所有人说；向别人说得越多，可能会伤害越多的人。所谓放下，包含了内心、内容与形式。

放弃是无奈与无力，是非情愿的；放下则是积极与有力量的，是自愿的。放弃是一种烦恼与绝望，放下是智慧与幸福。要放下，不要放弃！

提起是一种能力，放下是一种境界。提起是慈悲，放下是智慧。自有一双无事手，为做世间慈悲人。

付出是世界上最强大的力量，是突破自我限制的最好呈现，是自我的最好掌控与选择，是一种可以依赖的爱，付出会护佑你的整个人生。付出的回报是无形的，"施即是受"，会让你更快乐、健康、长寿。《瑜伽师地论》云："为利自他勤修正行，用利他事以为自事。……由诸菩萨用利他事为自事故，于一切有情起如自己平等之心。由起如是平等心故，于诸有情常施恩惠不望其报。"

# 报　恩

《善生经》云:"夫为人子,当以五事敬顺父母。云何为五?一者,供奉能使无乏;二者,凡有所为,先白父母;三者,父母所为,恭顺不逆;四者,父母正令,不敢违背;五者,不断父母所为正业。善生!夫为人子,当以此五事敬顺父母。"

《大智度论》云:"知恩者,是大悲之本,开善业初门,人所爱敬,名誉远闻,死则生天,终成佛道。不知恩人,甚于畜生!"

对父母多尽一点孝心,因为百年之后只剩下怀念;真诚地对待家人和朋友,因为百年之后将不能携手;珍惜眼前的拥有,因为百年之后将会失去。无限的时空,无限的因缘,只能汇聚于当下。所以，在当下的时空和因缘中，全心地付出与融入、感恩与奉献，最真诚地相待！因为，百年之后，一切都不可得！

# 当 下

昨天是今天的前世,明天是今天的来生。前世已经过去了,就让它去吧!希望有什么样的来生,那就掌握今天!一个人只要努力,就可以预见未来,但再多的努力也无法回到过去。所以,真正值得关注的是现在。与其把时间浪费在前世的梦,还不如活在真实的眼前。

生活不是只有今天,还有明天;生命不在远方,就在当下。做事就要尽职,成功是天命,随缘是解脱;安住于当下,即是解脱。

长远的目标,带来生命的灵活性与持续性。成佛需要经历三大阿僧祇劫,要不断地修行;但是,"成佛"的极致,就是意义的"永恒",那就只好活在当下。"三大阿僧祇劫即一刹那",天台的"理即佛"、禅宗的"活在当下",都是这种逻辑的表达。当然,从现实生命来说,生命必须活在当下,否则又能活在哪里?"活在当下"既是理想的实践过程,也是生命永恒价值的呈现过程。苏东坡说:"自其变者而观之,则天地曾不能以一瞬;自其不变者而观之,则物与我皆无尽也。"所以,"活在当下"是一种最高的智慧生活方式,但是必须有长远、清晰的目标,永不退失的愿力,否则很容易在现实中堕落。

我们快乐时、与故人重逢时,都觉得时间太短暂,恨不得年华停驻;痛苦时,都觉得时间太漫长。这都不是真相,这是时间和空间在作弄我们。无尽的时空,必须有生命意义和无尽行愿作支撑,才能打破时空的限制,这才是"跳出五行外,不在三界中"。永恒的意义,无尽的行愿,汇聚于一刹那,才是当下的呈现,刹那即永恒。

人生没有剧本,不能彩排,不能重来。世间离戏只有一步之远,人生离梦只有一步之遥,善恶只在一念之间。生命胜过演戏和做梦,正是因为它没有剧本,不能彩排,不能重来。所以,每一个当下都是最好的状态,做好自己应做的,实现圆润的人生。

不敢奢谈来生,因为今生还不够好;不敢回顾过去,因为现在还没从过去中汲取经验与智慧。过去无悔,是指能够很好地安住在过去的现在中;现在无怨,是指无条件地接受现在;未来无忧,是因为现在努力而不会担心未来。当下,是在现在中创造出一种永恒的意义,从而超越过去、现在、未来三际。

茶的精神是"一期一会",因为无常;人生如茶,经不起多泡。所以,一定要泡好每一壶茶,品好每一道茶。专心、用心,即是当下的生活。喝茶的那一刻,有人死亡,也有人诞生;有人正在欢欣大笑,也有人正在悲哀哭泣……

# 慈 悲

当语言触动了思维，就是文学；当颜色触动了眼睛，就是绘画；当音声触动了心灵，就是音乐；当故事触动了观众，就是戏剧；当情感触动了内心，就是爱；当爱提升了我们，那就是慈悲。当我们被慈悲触动，就走在生命圆满的旅途中。

爱，是"心"加"受"，把心放在感受中间就是爱；恨，是心里有一道伤痕。"爱"是一种欢喜的乐受。顺境能乐受，是普通的爱；逆境中仍然会"欢喜受，甘愿做"，才是深沉的爱。深沉的爱中，没有执著，也没有怨恨，即是慈悲。

世间种种不如意，不仅包括愿望和快乐无法实现，更包含仇恨也无法实现。相爱会有爱别离，仇恨会有怨憎会。以怨止怨，其怨无穷；以爱止怨，其怨自止。最好的报复是给予敌人广大的爱，对付仇恨的最好办法是无限宽容。

慈悲没有敌人。因为，正是由于我们自己还不够强大，才会出现敌我对待的格局。敌人是用来超越的，而不是用来竞争的。

# 知　足

《遗教经》云：

　　知足之法，即是富乐安隐之处。知足之人，虽卧地上，犹为安乐；不知足者，虽处天堂，亦不称意。不知足者，虽富而贫；知足之人，虽贫而富。不知足者常为五欲所牵，为知足者之所怜愍，是名知足。

知足者拥有智慧和宽裕的心，能布施和关怀他人，即是富有。

# 布 施

供养与布施的异同在于三点。

一、对象不同：供养是敬田，布施是悲田；

二、心态不同：供养来自恭敬心，布施来自慈悲心；

三、结果相同：二者皆获得福德。

无论是供养还是布施后，实际上都不能去追究其用途；现代慈善事业则通过透明的制度保障布施效果的最大化。因为供养、布施强调主体心态的最大化，慈善则是强调效果最大化，预设不同，不可混淆。

# 放　生

放生是希望生命得到自由，而不是为功德。小鸟在空中自由地飞翔，海龟缓缓地在水里遨游，人和动物的生命产生一种"共情"，这是最大的快乐与功德。当放生成为一种"产业"时，"功德"是最大的推手与罪恶。有功利心的地方，就不可能有真正的自由！

### 附：《大智度论》"释初品中戒相义第二十二之一"

问曰："人能以力胜人，并国杀怨；或田猎皮肉，所济处大；令不杀生，得何等利？"

答曰："得无所畏，安乐无怖。我以无害于彼故，彼亦无害于我，以是故，无怖无畏。好杀之人虽复位极人王，亦不自安；如持戒之人，单行独游，无所畏难。复次，好杀之人，有命之属皆不喜见；若不好杀，一切众生皆乐依附。复次，持戒之人，命欲终时其心安乐，无疑无悔；若生天上，若在人中，常得长寿；是为得道因缘，乃至得佛住寿无量。复次，杀生之人，今世后世受种种身心苦痛，不杀之人无此众难，是为大利。

复次，行者思惟：'我自惜命爱身，彼亦如是，与我何异？'以是之故，不应杀生。复次，若人杀生者，为善人所诃、怨家所嫉；负他命故，常有怖畏，为彼所憎；死时心悔，当堕地狱若畜生中；若出为人，常当短命。复次，假令后世无罪，不为善人所诃、怨家所嫉，尚不应故夺他命，何以故？善相之人所不应行，何况两世有罪弊恶果报！复次，杀为罪中之重，何以故？人有死急不惜重宝，但以活命为先。譬如贾客入海采宝，垂出大海，其船卒坏，珍宝失尽，而自喜庆举手而言：'几失大宝！'众人怪言：'汝失财物，裸形得脱，云何喜言几失大宝？'答言：'一切宝中，人命第一；人为命故求财，不为财故求命。'以是故，佛说十不善道中杀罪最在初，五戒中亦最在初。若人种种修诸福德，而无不杀生戒，则无所益。何以故？虽在富贵处生，势力豪强，而无寿命，谁受此乐？以是故知，诸余罪中杀罪最重，诸功德中不杀第一，世间中惜命为第一。何以知之？一切世人，甘受刑罚刑残考掠以护寿命。复次，若有人受戒，心生'从今日不杀一切众生'，是于无量众生中，已以所爱重物施与，所得功德亦复无量。如佛说有五大施，何等五？一者不杀生是为最大施，不盗、不邪淫、不妄语、不饮酒亦复如是。复次，行慈三昧其福无量，水火不害、刀兵不伤，一切恶毒所不能中。以五大施故所得如是。复次，三世十方中尊，佛为第一，如佛语难提迦优婆塞：'杀生有十罪。何等为十？一者心常怀毒，世世不绝；二者众生憎恶，眼不喜见；三者常怀恶念，思惟恶事；四者众生畏之，如见蛇虎；五者睡时心怖，觉亦不安；六者常有恶梦；七者命终之时，狂怖恶死；八者种短命业因缘；九者身坏命终，堕泥犁中；十者若出为人，常当短命。'

复次，行者心念：'一切有命乃至昆虫皆自惜身，云何以衣服饮食自为身故而杀众生？'复次，行者当学大人法，一切大人中，佛为最大。何以故？一切智慧成就，十力具足；能度众生，常行慈愍；持不杀戒，自致得佛，亦教弟子行此慈愍。行者欲学大人行故，亦当不杀。"

# 圆润人生观

## 圆润人生观的内涵

一、定位：人永远都无法圆满，人生是追求圆满的一生；所以，可以允许自己的人生有缺陷，但是不允许堕落。

二、使命：人要解决自己的人生问题，也要努力去解决社会的问题，个人善即是共同善。

三、方法：首先，认识自己作为"人"的殊胜与不足，提升人性的光辉，改善心性的不足；其次，接受自己的不足，努力追求人生的"正能量"；再次，通过解决社会和别人的问题，来解决自己的人生问题；最后，认识、接受世间的因果规律，用信仰的超越法则反思人生。

## 圆润人生观的实践

第一,安住在自己的缺陷中,虽有意去改善、提升,却不着急,亦不生烦恼。

第二,自己的人生不能太满,不必样样精通、事事都好,一生只要做好一件事。

第三,主动给别人一些机会,既是对别人的肯定,也是解决社会问题的方法,是"广结善缘"的菩萨道的实践。

第四,要坚持自己的理想与梦想,解决自己问题的最究竟办法是解决别人的问题,把自我融入他人的生命,这就需要理想、信仰等超越法则。

第五,作为一个社会的"人",必须维护与增长自己的核心利益,非核心利益多用来"广结善缘";很多时候我们看不到核心利益,以为到处都是自己的利益。

在功利的时代,大家都在追求利益最大化。圆润的人生,应该追求一些看似"无用"的东西:读一些"无用"的书,做一些"无用"的事,思考一些"无用"的问题,拥有一点"无用"的信仰。这些"无用"的东西其实都是在已知的生命之外,拥有一个超越自我生命的机会。生命中一些了不起的变化,就是来自这些"无用"的东西。

世界上没有丑的花和树，因为花和树不会有丑陋和美丽的分别，它们只是怒放自己的生命，不怕风雨霜雪，不顾人的指指点点。所谓完美，就是放下丑和美的分别；所谓高尚，就是放下高贵和低俗的执著；所谓圆满，就是放下圆满与残缺的意念。如山中的野花一样，怒放自己的生命，这便是最完美、高尚、圆满的生命。

自恋而不自傲，因为承认自己是凡夫；自信而不自慢，因为承担自己的佛性。

解脱篇

图：英属哥伦比亚大学里的日本花园，2013 年 8 月摄于加拿大

# 解　脱

　　学习佛法，皈依三宝，是希望自己的生命拥有佛陀般的觉悟、正法的真理、僧伽的清净，而且能够将觉悟、真理、清净"下回向"到生活和生存中，才最终实现"人"的解脱。所以，觉悟和解脱并不是放弃生活，而是让我们的生活拥有更高的品质，能够利益更多的人。

　　波罗蜜，汉译为"到彼岸"，后来才知道这是水果的名称。《本草纲目》中说："波罗蜜，梵语也，因此果味甘，故借名之。"难道甜甜的果是一种"彼岸"吗？

　　人一生都在艰辛地寻找彼岸。中年以前，我们为奔赴"彼岸"而努力，爱情、名利、权位、成功都是岸上的风景。后来，风景化成虚妄的烟尘，俗世的波折成为一场无奈。于是，我们又开始为另一个"彼岸"奔忙——解脱、永生、自在、净土。如芒鞋踏破岭头云，彼岸根本就是永无尽期，波罗蜜永在终极之乡；"归来偶拈梅花嗅，春在枝头已十分"，那是看见了春天的消息。"观自在菩萨，行深般若波罗蜜多。"

　　极致的人生都是凤凰涅槃，都是在自己的灰烬中重生。任何不能自我火焚的人，也就无法穿破自己，让人看见更鲜美的景象，这便是禅的"坐破牢关"。人生永远不缺乏梦想，也不缺乏抉择，但是常常为了保护自己的翅膀而迟疑不决，丧失了抵达对岸的时机。肉体永远是有限的，只有智慧与慈悲可以振风飞起，飞到不可知的远方，那就是无限的存在，那便是"彼岸"。

# 自　由

自由不是放纵与为所欲为，而是需要制度的公正、法律的平等、道德的自制，需要生活的舒适、生命的安顿、心灵的超越。自由的实现，首先来源于对他者的尊重，他者包括人类、自然乃至一切动物，这就是制度、法律、道德存在的必要；其次来源于生命和心灵，因为只有自由自身才是真正的自由。

戒不是束缚，不是被动地约束。戒是有约束的自由，只有通过约束和自我克制，才能实现真正的自由，即是"知止"。

任何人从事一项活动都有复杂的因素，既有生命的自我实现或信仰，也有生活的名利需要，更有生存的本能需要。尊重每个人的创造，而且自己也在生生不已地从事创造。给予别人自由，我们才能真正地自由。

道元禅师："空阔透天，鸟飞如鸟；水清澈地，鱼行似鱼。"自由飞翔，是鸟的本真，不管是天鹅还是麻雀。思想的自由、无边的创造力、清明的灵台，是人的本真，不管是圣人或凡夫。修道是打破烦恼对自由的摧残，恢复清明的心地。禅心是鸟飞在宽阔的空中，鱼游在清澈的水里，云本在青天，水本在瓶中。

如是，指如实地呈现事物的本来面目——本地风光。"是"有两种：一、欲望、情绪，其呈现则必须观照缘起的自他关系，故要控制欲望、情绪，适当地表达，所以需要道德、法律的约束；二、本真、本性，在智慧的观照下，呈现事物和人性的本真、本性。所以，别把"如是"理解成放纵，"如是"是自由地表达，任何欲望、情绪的表达都是不自由的束缚。

当几千年的集体文化遇到民主、自由、公正时，"集体"似乎成为谎言。其实，集体在究竟意义上是不存在的，最终分化为一部分个体和多数个体的对立。于是，传统中国用"王权神授"来维护共同体的价值，权威者既获得政治上的神圣意义，亦获得自身的意义。关注民主、自由、公正，就是真正关注自己，关注我们的祖国。

我们无法享受绝对的自由，只能放弃某些自由而保障最基本的自由，如遵守红绿灯交通规则，是放弃通行的自由而保障生命的基本自由。人们有权利质疑这种"放弃"是否公正，政府的决策是否符合人民的意愿。民主、自由、公正回到生命个体，即是实现个体的幸福。民主、自由、公正是实现个体幸福的必要条件，而信仰是实现个体幸福的充分条件。

# 真　理

世间必须有出世间，才有终极的意义。有为的世间，无为的出世间，真理就在悠悠的白云、飘荡的风、美丽的花、飞翔的鸟中。真理是永恒的存在，在体验者的一念灵感中；真理无为，隐藏于事相之内，唯有能觉知者可以相得。真理是没有隐藏的，有心的人就会找到。

《箭喻经》云："此是义相应，是法相应，是梵行本，趣智、趣觉、趣于涅槃，是故我一向说此，是为不可说者则不说，可说者则说。"世间对许多问题的探讨，无益于解脱，故佛陀不去涉及，这就是"十四无记"；此外，说法必须应机设教，形而上学如毒箭上的羽毛，诱人但是害人。修习四圣谛获得解脱是认识真理的唯一正确途径。

# 智　慧

人要明白，而不是知道；要智慧，而不是聪明；要睿智，而不是敏感；要幸福，而不是快乐。

知识与智慧的区别在于：一、知识来源于积累，智慧来源于反思；二、知识采取逻辑的表现形式，智慧是超逻辑的；三、知识依靠经验的总结，智慧思考的对象则是意义；四、知识用来解决现实和思想的问题，智慧则解决生命问题。

智慧的作用，在于发现人生的意义；生命的成长，离不开那些看似无意义的东西，也离不开"负能量"带来的教训、启发、锻炼。一朵美丽的花，它脚下肮脏的泥土同样是珍贵的；一道绚烂的彩虹，它前面的乌云与暴雨是必需的前奏；一场精彩的电影，银幕周围的黑暗与它是具同等存在价值的。

学习是为了拥有爱别人的能力；强大是为了不会去伤害别人，也不会伤害自己；成长，是主动、自愿的成熟，非主动的成熟就是衰老；成熟是生命智慧的成长，而不是岁月的衰老；热情是生命追求的动力，而不是本能的冲动。

缺乏思想的作家，写着厚重苦涩的作品；没有灵魂的画家，画着超级大的巨画；经常不在家的政客商人，却拥有非常宽敞的家。我们因为贪欲的推动，不断追求巨大的世界；如忘记了自己的脚型，买了特大号的鞋子，不但不能穿，反而会伤害脚。不管买什么鞋子，合脚最重要；不论追求什么，总要适可而止。

当智慧没跟上财富的增长，财富容易成为堕落的原因；当慈悲没跟上人际关系网的扩大，人际关系网会成为利益追逐的工具；当福德没跟上地位的升高，地位会成为欲望膨胀的理由；当视野没追上岁月的老去，岁月会成为视野狭隘的原因。外在的拥有，需要内在的匹配；不相匹配的拥有，是需要警惕的！

# 意　义

一生只能做一件事，因为光阴有限；这既是对理想的坚守与执著，也是实现生命意义的最高策略。人生一世，草木一秋，要实现最大的意义和价值，必须聚焦于一件事。世间诱惑太多，得失太重，我们都害怕失败在一件事上。所以，活着很简单，想好一件事，专注，坚持！

人是有限的，寿命是有限性的集中呈现；人也是无限的，思想与意义是无限性的呈现。思想是生命之光，即是"神光"和灵感；意义是生命的价值建构，是"大道"。灵感是通向大道之途，在"一期一会"间，大道如"众里寻他千百度，蓦然回首，那人却在灯火阑珊处"，在灯火阑珊的地方，在心灵深处，有一种无言、庄严的归宿。

《华严经》是由隐喻的、诗的、象征的语言所构成的精神意境。

生命如花，可是不能永远含苞欲放，或者凋零；所以既需要花开，也需要保鲜。人活着便是存在着，可是无意义的存在等于不存在，就会成为行尸走肉。所以，增长自己的智慧，不断提升生命的意义，便是为自己开一朵花；奉献世界的慈悲，是为世界开一朵花。

中国的传统思想中，既有生生不已的"变"，也有永恒不变的"道"，如此生命才能够安顿。在娱乐至死的时代，人们快速地接受信息，又更快速地遗忘；令人眼花缭乱的图像和片段，令人哄堂大笑的表演，但是什么都没留下。一切都在流动中，缺乏永恒的意义。今天只有"变"，却无"道"，失"道"者最终亦失去自己。

乔布斯去世两年了，我拥有过 iPhone 4 和 iPhone 5，但是都还没用过。我在思考他所思考的生命意义的意义。在我没有明白这个意义之前，我无法用它。或者说，作为工具，它到底是让我更简单，还是更复杂了？

未来的最大意义在于不确定性，如果有一个确定的未来，未来就失去全部的意义，这就是"未来心不可得"；过去的唯一意义是确定的，反思过去的意义是为了现在，若沉沦于过去则毫无意义，就是"过去心不可得"。现在介于确定的过去与不确定的未来之间，其最大意义在于创造性地面对未来，而不是停留在过去，这就是"现在心不可得"。

生命的长度并不是以寿命为标志，而是以生命的意义为标志，儒家所谓立功、立德、立言，皆是阐明生命的意义。只有将生命分享给他人，才会获得更多的意义，这是精神世界的富裕。

# 正　义

社会必须有程序,即道德和法律,其核心精神即是正义。社会上的交往,是互相尊重与互相成就的过程,但是仍然有"界"的不同,必须守住各自的"界",这就是相对意义的自由。真正的自由,是给予对方自由。实际上,只要我们佛教不把自己娱乐化了,没有任何人会娱乐化我们。

# 幸　福

幸福是个体的生命追求，与任何外在的东西没有关系。任何组织乃至政府都无法承诺和提升公民的幸福，政府只能减少公民的痛苦。

在第四十三届世界经济论坛年会上，记者问微软创始人、前世界首富比尔·盖茨："这些年你一直致力于慈善，如今你的财富变成了世界第二，我的问题是：这两件事情之间有关联吗？你比以前更幸福了吗？"比尔·盖茨回答："我认为我一生都非常幸运，也非常幸福，我的第一份事业是在微软公司发明了个人电脑软件，以及发起了互联网革命，这非常有意思，到我五十岁的时候，我决定要用我全部的时间和资源来帮助世界上最贫困的人们。同时我也非常爱这份工作，因为我做的任何事情都是和卓越的科学家一起来做的,这是一份非常吸引人的工作,过程也很有趣,一起工作的人也非常棒。"

肯定自己的价值观,接受自己的不圆满,热爱自己的人生,能够活出自己的姿态,能够成为自己想成为的人,愿意和有勇气去重新开始自己的生命,幸福就会来敲门!

# 净　土

　　净土有两种：一、果位净土，如西方阿弥陀佛净土、东方药师佛净土、阿閦佛净土等；二、因位净土，如人间净土。

　　果位净土依阿弥陀佛、药师佛等殊胜愿力而成就，佛是规划师与建设者，这种愿力对于修学者即是增上缘，完全接受是往生的必要条件；而现实众生都是"人间净土"的规划师与建设者，充分体现生命的自主性，而保证了个体差异性的实现。愿每个人都能参与"人间净土"的规划与建设。

# 弘法护教篇

图：温哥华世界佛教会，2013 年 8 月摄于加拿大

# 弘 法

弘法分为示、教、利、喜四个层面。一、示：提高信徒的认识，依佛法去剖析世间的善恶，分析哪些行为应为或不应为，开示出离心的生起与解脱道的追求，开导人天乘、声闻、缘觉乃至菩萨等修道内涵。二、教：弘法师从丰富的热情与生命体验出发，融合佛法与生命，劝导信徒舍恶修善。三、利：弘法师依世间与出世间等利益，劝导信徒相信因果，接受修行道路上的痛苦与利益，使其不退学佛之心。四、喜：弘法师要经常赞叹与鼓励信徒的进步，随喜他们的功德，使他们心生欢喜。

佛法的弘扬不是佛学知识的传播，是对生命的觉悟观照；不是法师个人事业的建构，是来源于"广度众生"的誓愿；不是利益得失的计较，是对整体佛教的承担；不是外在的压力与期待，是法师生命自我实现的自觉；不是要开宗立派，是对众生根机的独特观察。

弘法与世间事业：一、弘法是以愿力为动力，世间事业是以目标为前途；愿力的实现是每一个当下的随缘，而且创造新的意义，而目标的实现则意味着意义的消失。二、弘法是以众生为归宿，是引导、号召众生走向觉悟、解脱的道路；世间事业以自己为目标，以自己的名利为成就。三、弘法和世间事业的共同点就是都需要福慧的成就。

人是有限的，当我们以"广度众生"的理想和使命去从事弘法活动时，一定不要被赞叹和崇拜所迷惑，要不断地消解学生对自己的"个人崇拜"，让自己回到凡夫，回到世间的生活。身体累了，就多休息；心累了，就多安定。真实的生活、天真的心态、本真的生命，是修道者的根本。

清华大学推出"学堂在线"，大规模的在线课程成为教育改革的趋势。对于佛法弘扬来说，如何推出佛法的在线课程，这是佛教界最应该思考的。佛教在两千多年的文明体系中，从来都是文明的引领者；但是，在网络时代的新传播中，佛教将如何弘法？这是佛教未来发展的最主要问题。正法久住，在于有人传，有人学，有人修，有人证。

# 学术与弘法

从 1990 年出家以来，岁月悠悠，转眼间便过去了二十多年，可是在佛法的熏陶中，自己仍然觉得远远没有满足。从福建太姥山平兴寺下山后，我一直都在读书、学习，这也是一种难得的因缘与福报，在中国佛学院那种幽静的环境中，度过非常安静、稳定的七年时光，那种单纯、简单的生活实在令人怀念。后来因为不可思议的因缘，考到南京大学哲学系，攻读硕士、博士学位。之后又在清华大学从事博士后研究。最后，回到南京大学做一个大学老师。大学的生活，其实离自己是比较遥远的，因为自己特殊的身份，再加上喜欢独处的性格，除了上课、听讲、查资料，也很少待在大学的校园里面，但是大学那种气氛还是深深地感染了我。

也许是自己的前世因缘、自己的天性，我只能是一位"书呆子"式的出家人，不愿意去从事管理，接触社会，只愿意读书、写作。能够有一个清静的环境,让自己能够自由地思考,让思想自在地飞翔;能够有一种安定的生活,不需为生活的油、米、盐、醋烦恼,然后悠闲地读一些书,再敲敲电脑,记下一些想法与心得,从事一点研究工作,一直是自己的奢望。回思自己这几年的经历,有种生活在佛教与社会的"夹缝"和"边缘"的感觉,难免有几分感伤。但是,无论如何,自己却也因为这样跨入了佛学研究大门,这也是自己的追求与期望,人生总是要付出代价的!

当然,作为一名出家人,自然有自己的佛教信仰与体验,于是在佛学研究上便有自己的一些特色,如喜欢从事忏法的研究、净土思想的探讨、佛教思想的考察等。同时,因为受到南京大学哲学系学风的影响,又对道教、佛道关系产生一些兴趣。

## 佛学研究的意义

从佛法本身来说,教、理、行、证的修学次第,已经为佛弟子指明了修学的道路。但是,佛弟子因为自己的资质、喜好的不同,往往有所偏向,于是形成不同类型的佛法,如重义理、重实践等区别。但是,作为佛弟子来说,义理的探讨是为了将佛陀所要开示的真实事理充分、完整地表达出来,如阿毗达磨虽然着重于论证"法"的自性、定义、关系等,但是其本意仍然在于"谛理的现观",最终归宿于修证。那么,重修证的佛教,主要是从利益众生的角度,重视佛法的适应性、实效性,所以对事相的分别比较少,如初期大乘经典以"般若""三昧""解脱门""陀罗尼""菩提心"等作为中心,来表达从发趣、修行、证入的历程。虽然存在着这种不同的侧重,但是佛法的根本都是以义理知识与实践经验相结合为中心的。中国佛教其实已经非常明显地表明了这一点,如天台智者大师的教观并重,这是中国佛教的优良传统。《高僧传》将古代僧人分为十科,其中"翻译""解义""读诵"便属于义解门;而"习禅""明律""感通""遗身""护法""兴福",都是属于实践门一类;最后一科"杂科"则是指出家人的外学修养,旁及世间经书、治世语言、礼乐文章等,无不兼通,如隋代慧常、唐代宝岩等。

但是,传统意义的佛教义解,主要是注疏经、律、论,在"述而不作"中表达自己的理解与观点,当然也有一些专门性的著作。而且,这些佛教义解僧,都是从自己的信仰与经验出发,通过注疏、论著,来达到实践与弘法的目的。南北朝佛教的兴盛、隋唐佛教的辉煌,都与义解的繁荣是分不开的。而禅宗的发展则为中国佛教注入新的生命,重视主体的体认,以及自己身心的解脱;净土法门的流行,激发了佛教的信仰感情,为佛教走入社会提供了方便。但是,我们也应该看到,随着禅、净的流行,在这种"简单""不立文字"的潮流下,中国佛教徒逐渐失去探讨高深佛理、考察繁琐戒律的兴趣，这正如印顺法师所说的："中国佛教的衰落，不仅是空疏简陋，懒于思维，而且是高谈玄理，漠视事实；轻视知识，厌恶论理，陷于笼统混沌的境界。"于是，中国佛教重视义理研究的优良传统便丧失殆尽。

然而，另一方面，佛学研究在佛教界之外却成为一门世界性的学问。但是，近代意义上的佛学研究，应该是源于欧洲殖民主义者侵入亚洲地区，为了维护自己的殖民统治，必须要深入研究亚洲的宗教及其文化。于是，他们通过接触梵文、巴利文等东方语言，开始了解佛教的理论，消化佛教的教义。在"理性主义""科学主义"思想的影响下，这些学者注重现代佛学研究的客观性、纯学术性，形成了佛学研究的现代传统，于是佛教研究便成为一种学问——佛学。19世纪后期，日本佛教界开始运用西方的学术研究方法，从而推动了日本佛学研究的兴盛与发达。随着"西学东渐"、日本佛教对中国佛教影响增强，中国开始有了近代意义上的佛学研究，这在当时中国佛教界引起很大的反响与回应，如《大乘起信论》和《楞严经》的辨伪、"大乘佛教非佛说"的讨论、"佛教非宗教非哲学"之辩等。同时，佛教界也受到时代流行的学术方法的影响，尤其是以太虚大师为首的"人生佛教"运动，佛教理性主义思想的高扬都直接推动了佛教界从事佛学研究，其中以印顺法师的成就最大。但是，相对来说，学术界在佛学研究上则取得举世瞩目的成就。

改革开放后，中国佛教进入了一个新的发展阶段，经过二十年的努力，佛教界基本上完成了修复寺院、重塑佛像的工作，寺院呈现出游人如织、香火旺盛的现象。于是，培养人才、弘法、进行学术研究等工作提到了首要位置。然而，人能弘道，非道弘人，各方面人才的紧缺，无形中遏制了中国佛教事业的发展。而人才的成长与培养，又与佛教界的观念与重视程度是成正比的。

记得 2001 年出席"中越佛教教育研讨会"时，我发表了一篇《二十一世纪僧教育构想》，曾经提到佛教界对学术研究人才则有着双重矛盾的心理，就是对出家人从事学术研究抱有否定的看法，但是又觉得学术研究有其价值与重要性。一句"佛教怎么可以用来研究的，不好好修行"的平常话，足可以表明现代中国佛教界对学术研究的态度与立场，重视传统的中国佛教界对现代佛学研究有种难以适应、格格不入的感觉，甚至生起一些抵触与反感。在这种矛盾心理的支配下，佛教界便出现了许多矛盾的举动。一方面，佛教界出资出力，邀请学术界的专家学者举办各种学术研讨会，体现出对学术研究的重视与提高。一句"教界、学界强强合作"已经成为"口头禅"，但其实我们佛教界并没有真正意义上的学术研究人才，如何用来交流、接轨、合作？另一方面，佛教界并没有从心理上真正重视学术研究，总是把学术研究作为提高寺院声誉的手段，学术研究作为"附属品"与个人爱好，其实离佛教界的"宠爱"还有非常遥远的距离，因为佛教界并没有真正认识到学术研究的意义与价值。

近代佛教学术研究的发展由于受到欧美治学风气的影响，文献学、考据学、思想史、语言学、社会学、人类学等方法被大量地使用，对佛教进行理性地分析，采用定性定量的方法，促使人们对佛教认识更加深入。学术研究作为一种工具，用来剖析佛教的历史与思想等等领域，这扩大了佛教的知识面，更突显了佛教的悠久的历史文化积淀。学术研究利用各种先进的研究方法，通过对各种文献的比较研究，不断挖掘利用新出土的资料，往往在佛法的理解上有其优越性。通过学术研究，佛教的思想体系与历史发展脉络更加清楚，人们对佛法的认识也有所提高。从事学术研究的社会学者本身就是社会的精英，对社会了解得非常透彻，其思想观点往往能够补充僧界的不足；同时，他们作为佛教界与社会沟通的桥梁，圆融转化佛教的思想，向社会表达佛教的看法，这些都是有益于社会与众生的活动。

因此，佛教学术研究真正的根本意义，不仅是了解存在于一定时空中的佛教发展形态，更是通过现存的文献、文物去伪存真，探索其前后延续、彼此关联的因果性，从而更清楚地认识到佛法的本质及其因时、因地的适应性。了解过去佛教的真相，从了解过去中传承根本而主要的佛法特质，以此作为我们信行的基础，这也是非常有意义的。七届佛代会提出要契理契机地弘扬"人间佛教"思想，其中一项重要内容便是"以文化阐扬佛法，佛教文化是中国传统文化的重要组成部分，契理契机地以文化阐扬佛法是实现佛教中国化、本土化、现代化的权巧方便"。现代中国佛教界，应该认真地理解学者们的新观点，吸收其中的有用之处，通过转化与变通，落实到佛法的信仰与实践上，佛教才具有更大的耐力与潜力。

## 佛学研究的立场

我们佛教界非常不喜欢那些学术考证的文章，这是因为害怕自己信仰的神圣性遭到攻击。当然，这跟中国佛教界一向重信仰、重修持、重传统有关系；另外，一些应用考证法的学者，难免草率、武断，从而引起佛教界的忧虑、厌恶。但是，这同时表现了我们佛教界两点软弱的地方：首先，底气不足，我们一向宣称佛教是智慧的宗教，佛陀的教法是最圆满的，既然是真理，为什么会害怕别人研究、考证？其实，在佛陀时代，总是有许多外道前来问难，佛陀总是以他的伟大智慧将其度化，让对方皈依佛教。观中国佛教史，尤其是"法难"的时代，对于来自儒家、道教的种种诘难，高僧大德们也都能够给予圆满的回答，无论是"老子化胡"，还是"夷夏之辨"，他们都能从佛教的立场进行答复。底气不足的原因，非常简单，因为我们自己也搞不懂，只是觉得很受伤害，很无奈。其次，佛教界缺乏反驳、辩难的能力，读《高僧传》时，我们对那些高僧们的学识、修养、辩才、勇气等方面，只能赞叹和感叹。在民国的时候，面对学术界的一些问题，如"佛法非宗教非哲学""大乘佛教非佛说""《大乘起信论》和《楞严经》的辨伪"等问题，我们佛教界也总能从自己的角度给予回应，虽然这些问题都没有定论，但这正体现出民国佛教界的努力，否则，我们对那些结论只能表示"遗憾"。所以，佛教界要通过许多场合来表达我们自己的声音，如果我们丧失了发言权，就等于放弃了我们二千五百多年的传统。

首先，佛教徒从事佛学研究，必须重视我们信仰的宗教性，即佛法不共于世间的特性。虽然从哲学、文化等角度来研究佛法，提出"佛教哲学""佛教文化"，有非常高的成就，并且也为佛教进入社会生活提供了媒介、手段，但是，佛教作为一种教化，总是有其宗教的信解传统，如佛陀十力、四无所畏等功德，佛教的五眼、六通等神秘领域。这是属于我们信仰与宗教领域内的宗教事实，不能以我们现代人的想法，或者以无信仰的态度去研究，认为那是一种"神话""传说"。所以，要重视佛教信仰的神圣性、主体性，这不是通常考证所能得出的。如肉身不化、临终时的种种瑞相、平常修行中的感应，这些都是事实，这就是佛学研究的宗教性。

其次，佛学研究应该注重考察佛法的真实与方便。"若佛出世，若不出世，法性法住"，这是指诸法的恒常普遍性。但是，真理一旦用言语表达出来，佛法的思想、制度等在世间流传，便受到无常法则的支配。因此，佛法在适应众生的根机过程中，便会因时、因地、因人而有种种方便。无论是汉传、藏传还是南传等语系佛教，从根源来说，都是印度佛教在不同地区、不同时代的不同弘传，从演变来说，又受到当地民族文化的影响与时代推移的影响。

所以，研究佛法，必须从这些不同风格的佛教形态中抓住佛法的根本与真实，理解佛法的特质，探讨佛法的真实意趣。以究竟真实为准绳，而统贯衡量一切法门。这样，我们看印度佛教从原始佛教、部派佛教、大乘佛教，一直都有一种内在的生命与精神，而不是"进化论"的演变。如唯识佛法中，从印度无著、世亲的初期唯识，已经基本上奠定阿赖耶缘起、三性三无性、种子、影像等理论，之后的陈那、护法，一直到中国的玄奘、窥基，都没有离开这些根本思想。研究中国佛教的学者，很喜欢强调印度佛教的"中国化"，但是"中国化"的佛教仍然是整体佛教的一部分，仍然是佛陀教法在中国流传的形态，佛法的教化精神依然是在指引着众生走向解脱。

但是，佛法在世间无法避免方便适应性，这是世界悉檀，便于佛法的弘传。当然，这些适应与方便，难免产生一些副作用，时间一久便成为"流弊"。如忏法的发展，本意在于忏悔业障而清净，从而能够更好地持戒、修行；但是，为了适应民间习俗，经忏佛事的盛行反而成为一种"障碍"，致使佛教遭到许多责难与批评。因此，学术研究旨在厘清这些方便的源流与发展，为我们清除这些"肿瘤"提供切入点与方案。

在佛法的化世导俗过程中，真实与方便都是离不开的。而且，佛教在一定时空内流传已久，便会形成一些传统。如中国佛教的农禅并重、素食护生等都是固有的传统，也是中国佛教延续的重要力量，值得我们去珍惜。所以，我们研究佛法，不能说"素食"不是印度佛教本有的，便加以废除，这有违佛法的本意。现代佛学者，应有更广大的心胸，树立超地区、超宗派的崇高信仰——"惟佛法的真实是求，惟现代的适应（不违佛法而适应时代，不是随俗浮沉）是尚"（印顺法师语）。对于传统的固有的思想、制度、礼俗等，应作善意的探讨，而不应以指责呵骂为目的。真正的佛学研究者，要有深彻的反省的勇气，探求佛法的真实，而求所以适应，使佛法有利于人类，永为众生作依怙！

最后，佛学研究应该有包容性，能够容纳与赞叹不同的观点、思想，这是佛法研究者应有的气量与心态。我们佛教界当然要有自己的看法与认识，但是也要容纳其他的想法。异说纷纭，虽然看起来是破坏、紊乱、骚动的因素，但是无疑会刺激和促进我们去深入了解与探讨，何况其中还有正确与建设性的成分，即使有错误、粗劣的地方，那也是我们参照、改进的力量。无论是春秋战国时期，还是佛教的分头发展时期，百家争鸣都会造就辉煌与繁荣，如隋、唐、宋时期，佛教宗派林立，如天台宗的山家、山外，禅宗的南宗、北宗等，高僧辈出，纷争不断，却成为中国佛教的黄金时代。佛教平静如水的时候，可能是藏污纳垢、百病丛生的时候，也是接近灭亡的时候，这是一种必然规律。

当年，铃木大拙曾经批评胡适在没有获得"般若直觉的能力"前提下，却"着手去研究它所外现的一切"，其实"根本不知禅为何物"。铃木认为这种"对禅的本身尚且没有讨论的资格，更不必说去讨论它的诸般历史背景了"。这是从信仰主义、实践主义、经验主义来排斥一切非信仰、非经验的知识意义上的探讨。其实，近二十年禅宗史的研究所取得的成就，恰好能够说明学术研究的意义与价值，这就需要我们佛教界的包容心。

反观现代佛教界，已经很少进行一些争论，无论是为法义，还是为一些制度、礼俗，大家都已经习惯用一种"声音"说话，于是便造成一种思维的惰性与行为的惯性。这样对佛教的发展来说，无疑是最致命的。因为信仰是需要激情的，毫无激情地拥有这份信仰，会导致信仰的"荒漠化"。所以一些不同的想法，一些批评、责难的声音对现代佛教发展来说，是必要的。

## 推进佛学研究的方法与途径

随着佛教进一步发展，佛教界已经意识到佛学研究的重要性与价值，于是纷纷开始培养自己的研究人才，出版学术刊物、学术著作，举办学术研讨会等。但是，重视这方面工作的，在全国寺院范围来说，只有上海玉佛寺、龙华寺，河南少林寺，广东南华寺等为数甚少的几座寺院。推进佛学研究，必须有人力、财力、物力等几方面的综合投资，才能真正起作用。

首先，培养佛教界高素质的学术研究人才，这已经成为当前佛教界在人才培养上的重要缺陷。虽然，佛教界用了二十年的时间办各种佛学院，但是弘法人才、教学人才、学术研究人才仍然远远无法满足佛教界发展的需要。因为，这些人才，并不是有几年的工夫就能养成"出山"的，一位学有所成的法师至少需要经历十年的"寒窗苦"。但是，在急功近利的环境下，在佛教界对文化和学术还没有形成足够重视的情况下，"法师"的处境其实非常尴尬。出家人也是"人"，生活总是很现实的：一位出家人读了十年书以后，却发现自己远远比不上那些在寺院从事管理的同道；读书、学习总是需要钱，无论是出国留学还是在国内大学读书，经济总是首要的，这笔钱由谁来负担？所以，大陆佛教界在感叹台湾佛教界拥有多少博士、硕士时，是否想到我们是否花了心血去培养？我们佛教界在搞慈善事业时，捐款都是几十万、上百万，可是对出家人自己却是非常苛刻，佛学院永远都是经费紧张，学僧们永远没钱去买书。

其中最可怕的是，当佛教界好不容易出现几位学术研究人才，却毫不怜惜，甚至排斥、拒绝，于是我们一边在喊缺乏人才，另一边却是"资源流失"。其实，中国佛教界的领导层已经看到这一点,七届佛代会便指出:"从当前佛教人才培养的现状来看,青黄不接的现象表现得尤为突出,一方面是许多老一辈高僧大德相继辞世,另一方面有相当部分的青年僧人得不到很好的培养和使用;一方面缺少有坚定信仰的佛教管理人才,另一方面也有不少学修兼备的僧才得不到重用;一方面缺乏高素质、高学历的人才,另一方面培养的僧才严重流失,学成的也未能很好使其发挥作用。"这二十年里,中国佛教界到国外留学、进大学读书的学僧已经多达五十多位,可是回国、回佛教界从事弘法和教学者总是寥寥无几,这不能怪他们不愿意回来,关键现在哪个寺院和机构愿意"收留"他们,哪个寺院愿意提供足够的资金,不需要他们干任何事情,只要好好读书、写作就行了?这是目前中国佛教界在人才培养上的"黑洞",如果长期这样下去,人才流失是无法避免。所以,佛教界只有祛除功利心,为这些人提供一个稳定、宽松的环境,能够让这些人安心地待在佛教界从事学术研究,哪怕是保护"古董""文物"也行,毕竟人才难得!我总是设想集中全中国佛教界的力量建一所研究院,来聚集、保护佛教界的学术研究人才,作为人才储备基地,或者说,中国佛教文化研究所应该发挥这样的作用,这样各种文化弘法事业才有真正的"软件"与"内存"。

其次,我们不仅要自己培养人才,更要引进学术界的力量,加强与学术界的合作,佛教界这几年的经验已经证明这一点是非常正确的。但是,在这种教界、学界强强联合的过程中，佛教界的"劣势"是存在许多误区，会引起一种"崇洋媚外"的心理。因此，重视佛教界自身的力量，让有限的人才发挥最大的作用，让我们佛教界的人才在与学术界的交流与磋商中得到成长，这是非常重要的，也是佛教界推进佛学研究的主体性问题。我们除了尊重学术界的立场与观点以外，也要引导他们尊重我们的信仰与观点，否则的话，我们真有点"请人来骂自己"的感觉。

最后，推进佛学研究最终要落实到弘法与实践。佛教的发展需要各种参照体系，因此佛学研究应该具有以古为鉴的意义。我们面对现实佛教界的种种困境，希望能够从古代佛教的发展与源流中找到一种脉络与线索，从而能够为当今佛教的发展提供参照意义与建设方法，这就是佛教推进佛学研究的主动性所在。因此，我们可以自己设立一些课题，邀请专家学者共同合作，来从事这方面的研究，这样的研究往往具有现实意义与弘法价值。这样，我们出版刊物、学术著作，都具有一定的针对性与目的性，更能达到弘法的效果。

# 护　教

佛教界应该反思：加强弘法，积极向社会弘扬佛法，消除人们对佛教的误解；加强慈善，树立佛教的良好社会形象；加强和社会各界的沟通，成就和谐的社会环境。不必强迫某些人道歉，有些事该说就说，该放下就放下，这是佛教的共业。——想想佛陀当年，三次无法挡住琉璃王灭其家族的大军。

中国佛教在赵朴老之后便缺乏一套发展路线图，缺乏一种相对稳定的话语体系和思想表达。在新时代的环境下，回到佛陀本怀，继承传统，不断创新，在赵朴老时代的基础上，重构一套思想纲要，是当今佛教发展之要务。一套好的话语体系，是全中国佛教徒学习的榜样；不断重复，总会不断深入人心，形成发展动力。

中华民族的伟大复兴，最需要中华文化的自信，只有将中国特色社会主义根植于五千年的中华文化，社会主义才能获得最坚实的基础。中国共产党从成立之日起，就是中华优秀传统文化的忠实传承者和弘扬者。在中华传统文化中，以儒、释、道最有生命力；在三教中，又以佛教最有基础。佛教兴，则传统文化兴；传统文化兴，则民族兴。

计划生育对佛教的影响：最近十多年来，新出家的比例极速下降；独生子女出家后，仍然要承担孝养父母的责任，尤其父母的重大病痛，对出家人的修道生活有很大的影响。所以，佛教要建立一种机制，帮助独生子女出家人实现孝养的愿望，在财物与心灵上给予很大的支撑。否则，这些出家人很容易退失道心，重新回到社会。

# 道　场

对于一座道场乃至整个佛教而言，人才培养固然重要，但是更重要的是人才的成长、使用机制。千里马常有，而伯乐不常有。如何发现人才，让更多的人才能够发挥作用？人才机制是僧团管理的首要课题：一、人才成长的机制；二、让更多的人才能够走出本道场，既能实现个人成长，又能增强道场的辐射力。

佛教寺院是一个神圣的空间，是城市古老文化的标志，是市民信仰的心灵港湾。佛教寺院拆迁前，要先请法师在每个殿堂洒净、诵经、上供，然后让法师、信徒礼拜，算是拆迁告别；其次，要将所有佛像移到清净、安全的地方，如寺院的新址，举行安座法会；再次，僧人的生活获得保障；最后，人和物都清空后，才能开始拆迁。

道场的管理，人事和财务是核心。人事必须有学有修，各有所安；财务则衣食住行，病有所医，老有所养。人事必须形成人才成长机制，形成年轻僧才的成长渠道，如祖师开示"请命依腊，须从上起；差役取卑，故从下起"，上下有序，则道场清净；财务则清廉、公开，有凭有据，支出有度，则道场兴旺。

"以戒为师，以法为依"的关键是"人"。人、法、戒三者的关系，即"法"要清净，"人"要庄严，"戒"是保障。在"法"上，要依法不依人；在"人"上，出家人要清净和合，在家居士要恭敬虔诚，僧俗各住其位，这一切都要依靠"以戒为师"为保障。但是，"人"要发挥作用，从事种种活动时必须"以法为依"。

对于中华文化走出去，中央政府必须高度肯定海外佛教寺院在传承与弘扬中华文化上的功劳，并且给予大力支持。汉传佛教在海外，至少解决了移民的文化认同、民族认同问题，而且为海外华人提供了心灵的安顿，为祖国统一、国际外交提供了支撑作用。

# 师　徒

如何亲近善知识？祖师说："宁可老僧下地狱，不拿佛法做人情。"道在人弘，佛法在世间难免有几分"人情"，所以"人情"必须受到制度的约束：一、亲近善知识，不能接近善知识，信徒与师父的交往永远保持在"佛法"的向度内，不能向"人情"发展，不要造成情感上的依赖。二、信徒不要侵入师父的"人"空间，不要供养师父非佛法的需求，所谓"四事供养"是指满足生活的基本需求。三、信徒对师父的情感，只能停留在恭敬、感恩层面，而占有、分别等心则是"人情"。

学生是老师生命成长的增上缘，因为他们的存在，老师的生命获得一种存在意义。师者，传道、授业、解惑。《目连问戒律中五百轻重事》说："一从受法，终身是师。"师长以五事敬视弟子，即：（一）顺法调御；（二）诲其未闻；（三）随其所问，令善解义；（四）示其善友；（五）尽以所知诲授不吝。

## 僧信关系与师生关系

师父与信徒的僧信关系，老师与学生的师生关系，有同有异。

同者，乃皆依教导因缘而成就，师者皆有传道、授业、解惑的责任与义务。

但是，僧信关系是从皈依三宝开始，师父以"法"的教导为核心，主要是从心灵层面引导信徒实现生命的成长，是"尽形寿"一生的关系；信徒则在生活方面对师父给予一定的供养。

师生关系的责任限于学生就学的三年或多年，老师不仅对学生有学业、知识乃至生命上的责任，同时也负有一定的世间责任，对学生的生活乃至毕业后就业给予适当的照顾与帮助。学生毕业后，老师不用再担负世间责任，唯存在一定的心灵教导。

僧信关系依佛法的信仰教化而成就，是属于神圣层面的；师生关系依知识的教导而成就，世俗义多而神圣义少。

对于养徒众，《毗尼母经》卷六记载大致如下：一法事摄，二衣食事摄。常应方便教授眷属，莫令多求；摄令坐禅、诵经、修福，于此三业中应教。复应观徒众乐多言否？乐多眠否？乐在家否？乐聚集调戏否？复应观谁行如法，谁行不如法。若如法者，应加衣食，乃至法味，数数教授。若不如法者，应语令去；后时改悔者，还听在众。

## 附：为师的三种境界

信徒发来"为师的三种境界"长短信，一看全中，哈哈！我的"为师"境界最低：自信，性情张扬，锐气外露，乐于批评。总是忍不住批评别人，证明自己的能力与优越。惭愧啊！为师既是一种使命，也是生命的成长过程。努力啊，坚持学习，坚持修行！

处在第一种境界的师，你会感觉他十分自信，性情张扬，很有锐气。他会非常乐意谈及他所获得的成就荣誉、发表的文章或出版的书，以及经典的个案，在谈论中常会尖锐地发表对不同观点的批评。在这个阶段的师还有一个明显的外在行为特点，就是老是忍不住要去指出别人的心理和个性问题所在，涉及的范围包括亲人朋友或同行。他们的意见大多数时候是有见地的，你能感觉得到他确实点出了问题所在，但不知为何，就是让人心里不舒服。也许，你直觉地了解到，他说这些问题并不是为了帮你，只是为了证明他自己的能力和优越感而已。他乐于使用各种"立竿见影"的简快方法。

第二境界的师，更多的是心理能量，他比一般人更中立、沉稳，或者叫能够自我实现。他肚子里面装了更多的知识和智慧，变得沉静。只有当你问他时，他才会就事论事。

第三种境界的师，他已没了角色的概念，整个人都和谐统一了，因而他并不会特意地装扮自己。当他出现在你面前时，你也许会觉得这是个特别朴实平凡的人。这时候的他，经过修炼和顿悟，已无所谓自信不自信、自卑不自卑，当你靠近他时，不能感觉到任何外显之气，只能感觉他的内心就像大海般深邃和平静。无论是直接或委婉，你都不会听到他对别人轻易下结论或评判。哪怕他只是心神合一、静默少言地待在那里，你也能感到从他身上散发的那种对全人类的悲悯之情。这博大的、完全没有偏见的、淡淡的无形之爱，无声地影响着周围的人，令罪人在他面前也敢吐露心声。你也绝不会因为在他面前表现出弱点而有顾忌。尽管他没对你说过你的弱点和问题，但当你靠近他时，自然就会照出自己的影子，令你清清楚楚地知道，自己还有哪些丑陋之处。到了这样的高度，他的存在就是一种感召！一切的流派、一切的技术都隐退了，只有这化育万物的能量存在……

# 义工教育

什么是做义工？

做义工对大家意味着三点。

第一，做义工是一种生活的方式。

只要你在这个世间，无论你是出家还是在家，都是在生活。对大家来讲，做义工首先是一种生活方式，没那么伟大，就是生活，所以别把自己搞得太累。生活首先要快乐，你表现得很神圣、很伟大，你觉得很有意义，但是又很痛苦、很纠结，那么这个义工不能当。所以，大家要记住，做义工首先是一种生活方式。

第二，做义工是一种发现自我的方式。

什么是自我？自我都是他人映射的结果。你有不同的自我，实际上就是不同的他人映射的结果，所以什么是"我"呀，为什么说"无我"呢？因为没有一个真实确定的"我"。

人是什么呢？人就是在不同的他人上发现的。做义工就意味着大家有机会接触到更多的他人，所以这个就是发现自我的方式。

第三，做义工是一种修行的方式。

修行是什么？修行，后面会说到它是无所不在的。做义工是一种修行的方式。我觉得义工，这个"义"有两个含义，第一个就是道义，基于佛教徒的一种道义。那么你要理解这个"道"，然后把这个"道"变成一种责任、使命、义务，这就是做义工。

## 做义工的理念是什么？

四个词：愿行、结缘、随喜、感恩。

第一，愿行。

信徒培养的宗旨："正见愿行为根本，提升生命为基础，欢喜安乐为核心，包容圆融为关键。"因为在这么一个功利的社会里面，所有的人都是按照功利原则去思维。大家愿意去做这么一件事，没有任何回报，确实是一个"愿"跟"行"的结果。

第二，结缘。

大家在这个从事服务的过程里面，结两种缘：第一个是法缘，第二个是人缘。

因为在一个人际冷漠的社会里，所有人都是沉醉、沉沦在自我的一种空虚中，如果我们没有去结缘的话，我们的缘就都很少。所以说，做义工，真正是大家进入社会的另外一种途径。不要好像觉得做义工嘛，就是来庙里面服务一下，实际上它是另外一个途径，来让我们重新进入这个社会。什么途径呢？佛教的途径、清净的途径、佛法的途径，所以你首先要结法缘。在这个过程中，你会感到快乐。你为什么会快乐呢？因为你跟别人结缘了，你就会快乐。今天大家都找不到朋友，如果你做义工你就发现了，生活还是蛮好的。为什么呀？想找个人哭都有找到人。对吧，这就是人缘。人是讲感情的，我常常说，佛法在这个世间首先情为本，情就是感情，无论是我们出家法师之间，还是僧俗之间，如果没有这样的一份感情在，实际上大家不会聚在一起。这个时候说的就是人缘，所以大家要学会去结缘。

第三，随喜。

随喜是什么？你要让自己欢喜，也要让别人欢喜，这就叫"随喜"。你干这个事情自己很欢喜，结果让别人很苦恼，这就不是做义工了。当义工很重要的一点，就是要让别人欢喜，就是你的服务不要让别人生烦恼，不自恼、不恼他，就是不让自己烦恼，也不要让别人烦恼。

第四，感恩。

做义工是提供了一个修行的机会、重新生活的机会、重新去认识自我的机会。这是一个机会，所以说大家要抱着一颗感恩的心。

## 做义工的宗旨

第一，佛法重于人情。

不要把这个研究所变成一个人情的交易平台。

第二，奉献重于回报。

做义工是一个真正奉献的过程，而这个奉献的过程没有一个实际形式的回报，所谓那些"精神福利"，实际上都是我们研究所应该去做的，我们永远都做得不够好。但是你如果产生一个要回报的心理，这个时候就是你烦恼的开始。

第三，护教重于护人。

义工真正护持的是三宝，不是护持一个人，而是护持一个道场，护持一个整体的佛教。因为你护持一个人，这个人出问题了，那你就有问题，而人永远都有问题，所以大家一定要记住，大家是护持一个教。"教"只要三宝常住，永远都没问题，所以说不看僧面看佛面。

## 做义工的原则

第一，家庭第一，道场第二。

在社会生活中，家庭是最根本、最基础的，而不是道场。道场是和尚们的家，不是你们的家，所以说，你们还是要以你们的家为家，要守住那个家才有生活，要是那个家都守不住了，佛法没啥用。任何事情，家庭的事情更为重要；道场为什么不重要，因为道场属于任何人，家庭属于你一个人，道场的事情可以找任何人来帮忙，你家里的事情别人帮不上。

第二，工作第一，义工第二。

你的工作是最重要的，因为你要生活，个人乃至整个家庭的生活，都要靠工作。义工是你在工作之暇有空了、众缘和合了，才做的事情。对于道场来说，你是可以替代的，但你的工作别人无法替代。

第三，生活第一，修行第二。

要让生活体现信仰，不要让信仰代替生活。什么是信仰？你要在生活中体现出来，很多人是把信仰代替了生活，看起来这个人很庄严，手上都是念珠，脖子上也是念珠，恨不得脚上也戴上念珠，嘴巴里面都是佛言佛语，见人必合掌，口称阿弥陀佛。可是没生活，没用。

## 什么是义工的修行

修行是只要干好一件事就够。现在我们很多人，就是执著于那个"法门"。这个"法门"是什么概念？很多人一学佛就在寻找天底下最好的法门。念佛的人跟你讲，好好念佛，这个念佛最直接、最快速；坐禅的人跟你讲，那个坐禅可不得了，你不开悟这辈子白修了，对吧？持咒的人跟你说，你好好持咒吧，因为只要一持咒你就有灵感。

其实，没有最好的法门，也没有最适合你的法门，只存在一个和你有缘的法门，所以大家没有必要天天去追求哪个法门，参加各种法会，恐怕错过一个天底下的灵丹妙药。

义工的修行有三个方面：

第一，家庭即道场。

一个人的修行道场，最好的地方是家庭。因为在一个人的生命里面，家庭是最根本的，最根本的东西都没做好，更何况其他。

第二，生活即修行。

生活是最大的修行对象，不断地观照生活的各种缘起，就是修行。人就是在一个不同的生活状态里面不断地观照自我，不断地发现自我，不断地提升自我，改变自我的过程就是修行。最危险的地方最容易成就，那就是家庭，因为他最危险，所以你最容易成就。那你怎么能保证你的二十四小时都是修行呢，那就是生活。

法门就是一个电脑系统里面的那个杀毒软件。其实一个电脑的系统可以没有杀毒软件，很多电脑软件不需要杀毒软件，但是没有杀毒软件的电脑都有风险。为什么？因为它容易带病毒运转，最后被病毒所攻陷，崩溃了。所以修行法门就是电脑的杀毒软件，抵抗病毒的入侵，然后为自己不断地杀毒，保证你的生命系统正常地运转。大家在生活、工作、做义工的过程中这样去观照自己，然后每天保证一定的功课，功课的意义就是"杀毒"。

第三，做义工就是菩萨道。

世间就是二元对待的社会，功利是不可避免的，但是在这种不可避免的功利里面，大家愿意去奉献自己的生命，去护持三宝。做义工就是一个实践菩萨道的过程、发菩提心的过程，是非常神圣、非常庄严的。

实际上，天底下没有完美的人，每一个人的人生都需要快乐，因为只有快乐才能够让这个生命充满一点热情，只有快乐才能在这个世间增加一点阳光，只有快乐才能让我们这个生命点亮别人的生命。如果你没有快乐，你的生命将无法安顿。

峨眉山万年寺，2013年5月摄于中国四川

邢台大开元寺，2013年7月摄于中国河北

终南山百塔寺（三阶教祖庭），2013年11月摄于中国陕西

哲学教育篇

图：英属哥伦比亚大学亚洲系一景，2013 年 8 月摄于加拿大

# 哲　学

离开哲学的智慧，宗教精神无从体验；离开宗教精神，哲学的智慧也不能够达到最高的玄妙境界。

哲学是问号，不断地追问事物的本源；宗教是感叹号，直接告诉人们世界的真相，你只需要接受与相信。在感叹号面前，佛陀允许我们怀疑、追问，然后告诉我们自己去了解真相的方法，最后我们证入与佛陀一样的真理；而上帝不允许怀疑，只要相信他所说的真相，便实现救赎的全部意义。所以，佛法亦宗教亦哲学！

科学是用有限的理性去探讨经验世界，总在有限中安顿；哲学是用理性去探讨无限的世界，总在矛盾与纠缠中；宗教是用信仰去探讨无限的存在。当理性的智慧无法到达真理时，信仰成为唯一的途径。信仰的灵感和神迹虽然不可思议，但是可以锻炼和培养。一个人在生命中千回百折，是不是能打开智慧的视境，能否登上更高的心灵层次，要看他能不能将仿佛不可知的灵感锤炼成遍满虚空的神光，任其翱翔。

他，是中国近代著名的政治家、思想家、史学家、文学家，是1895年"公车上书"的积极组织者和宣传者，宣称自己"吾辈夙尊佛法之人"，强调"佛教之信仰，乃智信而非迷信，乃兼善而非独善，乃入世而非厌世"，开启了20世纪中国佛教的学术研究；家族满门才俊，子女中有的就是佛教建筑史家。——他就是梁启超先生（1873—1929）。

哲学系九位新生，一人云："哲学是天，历史是地，中文是云。"人当仰望天，故应当学哲学。哲学是在世界的迷宫中仰望星空，其用意是走出迷宫；但是，生命有限，理性有限，许多学哲学的人就迷失在迷宫中。形而上学的思考，如果不能回归到生活，终究会成一支毒箭，让我们迷失在箭上鲜艳的羽毛里，而忘记了毒箭的伤害。

# 宗　教

宗教的教化只是唤起人们对天堂有所向往，每个人的天堂都在各自心中；佛法的智慧只是引导我们对生活有所反思，每个人的生活都在各自生活中。所以，不必告诉人们什么样的生活是最好的，只要引导人们去反思和追寻各自的生活。

婆罗门（Brahman），他们信奉吠陀宗教，掌管宗教祭祀，研究梵我合一的哲学，希冀获得不死的真理。他们在少年时代拜师进入学生期，学习吠陀经典；学成后返家，结婚而尽一家之主的义务，进入居家期；而到了老年，便将家权交给儿子，退居山林，度过林住期；最后离开森林的住处，进入一处不住的游行期，终其一生于行方不定的旅游之中。

# 教　育

教化有三：言教、身教、自然。言教启迪人的无明思维；身教改变人的行为习惯；自然则涤荡人的卑微，提升人的宽广心胸。言教培养人的正知、正见；身教培养人的正业、正命；自然则促进人的正念、正定。

教育是：做了看不见，不做就看见，永远做不完。

今天的老师，曾经也是不断地表示不满的学生：后勤保障不好，教学质量不高，缺乏对学生的尊重……当自己变成老师时，发现现在的学生就是自己的过去。所以，静静地聆听，帮助他们实现一部分的想法，最后无法解决的则留给时间。教育的快乐在于生命的成长，其实在这教育的过程中，老师和学生的生命都得到了成长。教育是理想与现实的差距表达方式，不满才是教育的动力！

从事教育，尤其是从事僧教育，一定要养成"领跑者"的观念，生命永远要实现成长，于是我们便招呼一批人，跟在自己后面一起跑步，大家一起吆喝着前进，实现生命的共同成长……要放弃"赶跑者"的监督观念，那是一边拿着鞭，一边吆喝着学生：如果学生不跑，便气急败坏；如果学生跑步前进了，便在旁边洋洋得意，以为是自己教育的成果。做一个生命的永远成长者！

对于高校学生的培养问题，教育部门应该引起重视。在功利的经济驱动下，教育领域亦出现虚浮、急躁的功利现象。教育应该有超越的理想、充沛的热情、高尚的人文、完整的知识、出色的专业，但是现在我们的教育只是强调"出色的专业"，根本不去考虑前面的一些最根本的要求。

## 附：佛教教育的理想、目标与培养意识

——2013年12月14日"纪念鸠摩罗什大师圆寂1600周年暨佛教教育现代化论坛"主题发言

佛教教育的理想即是秉承佛陀创教的理想，即"正法久住，广度众生"。

佛教教育的目标是为了实现"正法久住,广度众生"的理想而培养合格的宗教师,其定位是以能够住持正法的宗教师为经,以能够广度现代众生为纬。要在这一目标下,着重培养学僧的信仰意识、危机意识、现代意识。因此,所有的课程设置都必须围绕这三种意识。

第一,信仰意识的培养。在现有的佛学院课程中,《印度佛教史》的内容过分偏重理性与知识,必须在熟悉各种现代学术观点的基础上,又能坚持信仰本位的观点,强调佛陀的神圣性、"大乘佛教是佛说"的基本观点。在经典解释方面,要学会掌握中国佛教的传统解经方法,如净影慧远、天台智𫖮、嘉祥吉藏等释经方法,又能融合哲学、心理学、科学等现代学科方法。

同时,在课程授课方面,必须体现佛教信仰的基本仪轨,上课前必须有三称本师、开经偈;下课后,要有回向。仪轨对信仰意识有潜移默化的作用,同时也具有师道庄严的表法作用。

第二,宗教师对"正法久住"的理想要有危机意识,具足危机意识才能反思现状,弥补不足,精进不懈。所以,佛学院要开设《中国佛教法难史》《近现代中国佛教史》,充分了解中国佛教的发展不易,以史为鉴,改变现状,创造未来。

第三,宗教师在"广度众生"时必须有现代意识。所谓现代化包含两方面:一、能够从佛法出世的角度去反思与批判现代世界文明体系,诠释符合佛法体系的现代文明;二、能够"化现代",用哲学、心理学、科学等现代方便去化导现代众生。

# 读 书

读书是一种反思、对话、清明的生活——与圣贤对话，自我反思，清明自在。读书既需要广博，也需要精细。广博就是大量地阅读，眼快，提升视野、胸怀；精细就是深度地阅读，拓展思想的深度，加强反思与创造力。读书的方法，只有专注、坚持，专注、坚持就是精进。书到今生读已迟，这辈子要努力；书到用时方知少，书既能解决生存、生活问题，也能解决生命问题。

学术是一种生活，学术的时空中有问题与方法，有材料与工具；学术是一种态度，认真、精进、无我，不放过任何一个疑点，不放过任何一条资料，在融会贯通、博采众家的基础上综合创新；学术是一种生命，是真、善、美生命意义的自我实现。当学术成为生存的工具、名利的通道，学术就无法实现学术的全部意义。名利应该是学术的附加值,要随缘、随意。

从事写作研究的生命,既需要扎实的专业基础、宽广的视野方法与问题意识,更需要深沉的心灵与飞扬的才气。在各种检索系统高度发达的数字化时代,方法与问题是前提,而灵感与才气是决定性的因素。因缘的创造都是火凤凰,多彩的身躯后还拖着一条斑斓的尾羽;它从空中飞过,唱出美妙的歌声;当它自觉到自己处在美妙的巅峰,无法再向前飞的时候,就火焚自己,然后在灰烬中重生。

# 书写禅意的生命
## ——赏宗家顺的书法艺术

汉字,取法于天地万物之形象;而汉字的书写,则蕴含着人的生命运动。佛法,是佛陀于菩提树下所觉悟的宇宙人生真理。所以,书法是生命的书写,佛法是生命的觉悟,二者皆从生命出发,又回到生命自身。

人,最宝贵的是生命;它,只给予我们一次。生命是整体的呈现,书法作品则是书法家的生命流露。书法创作对于书法家来说,是一种修炼;而书法传世,其意义不仅在于收藏、欣赏,更是书法家的生命分享。对于一个人来说,只有生命是最可贵的,所有的生命皆呈现于这个世间,都应该去修炼,都应该和别人去分享自己的生命。所有人应该要认识到这一点。

东汉末年,佛法传入中国,经典的翻译、流通全凭抄写、雕刻。造像题记、寺院碑联、高僧著作、酬唱书信往来皆依书法而行，同时宗教信仰的虔诚、高僧的人文素养、修行的超脱境界，又使中国佛教书法有其独自的特色，尤其禅宗盛行后，禅宗与书法的交织融会，成为中国文化艺术的奇葩。佛法与书法的结缘，是一种生命的活动，是自然而然的，二者互相影响，古今不绝。

宗家顺先生，字迦舜，号逸山，现为中国书法家协会理事，并任中国书法研究院副院长、北京市西城区文联副主席、中国和平统一促进会书画联谊委员会委员、中国环境文化促进会书画委员会委员、中国佛教协会副秘书长等职。2005年至今，我与宗先生结缘于三届世界佛教论坛，缘已深，情已浓，故著小文，彰其禅意生命，以纪念彼此的生命情谊。

## 禅意生命的流露与呈现

书法，不仅是一种"法"（"法"意味着规范、法度），而更是一种"道"——生命之道。生命之道，离不开理、性、情，书法亦是生命的本心、境界的呈现与流露。境界作为人类精神活动所引发的体验，禅与书法的共同基础都是"有情"。如刘熙载说："笔性墨情，皆以其人之性情为本，是则理、性、情者，书之首务也。"禅与书法，都十分强调"心"的重要作用。禅要洞彻生命的本质，明心见性，将生命与宇宙、自然合为一；书法是表现生命的艺术，要写心写性，汉字既来源于宇宙、自然，汉字与生命合一，亦即生命与宇宙、自然合一，因此禅与书法在生命的境界上是相通的。

同时，某种书法风格的形成，也是书法家生命历程的呈现。这是一种整体的呈现，不仅呈现了书法家临帖研习的过程，也与他的生活、工作、环境息息相关，即艺术来源于生活。所以，一笔一勾不仅呈现一个人的生命历程，更流露其独具的生命境界。

王国维曾说："言气质，言神韵，不如言境界。有境界，本也。气质、神韵，末也。有境界而二者随之矣。"（《人间词话删稿》十三）"有境界"不仅是艺术的审美诉求，更是生命的重要核心。书写不仅是一种活动，更是一种艺术的境界，如弘一大师的书法就被认为是"滤尽尘烟，平和简静，超逸绝伦"，这既是他出家生活的写照，也是他出家后心灵境界的真实流露。

宗家顺先生的学书之路上，也有"投禅入书"的巧妙机缘。自1986年始，宗家顺先生被著名社会活动家、佛教领袖、书法大师赵朴初先生选中做秘书工作，长达近七年之久。自此，宗家顺先生悉心体察赵朴初先生书法的独特精髓，切身感受先生清新潇洒的文士风度，深入领悟禅宗虚静思想的真谛。后来，宗家顺先生在中国佛教协会教务部工作，有缘参访名山古刹，观摩寺院匾额对联，接触高僧大德，探讨佛法真义。工作既卓有成就，后升任副秘书长，于日常中提升境界，于事务中磨砺心性。

圆、逸、静、空灵、萧散等，既可看成禅书法的艺术特征，也是禅书法的艺术境界。苏东坡说："予尝论书，以为钟、王之迹，萧散简远，妙在笔画之外，至唐颜、柳始集古今笔法而尽发之，极书之变，天下翕然以为宗师，而钟、王之法益微。"（苏轼《书黄子思诗集后》）康有为也说："书法之妙，全在运笔。该举其要，尽于方圆。操纵极熟，自有巧妙。方用顿笔，圆用提笔。提笔中含，顿笔外拓。中含者浑劲，外拓者雄强。中含者篆之法也，外拓者隶之法也。提笔婉而通，顿笔精而密。圆笔者萧散超逸，方笔者凝整沉著。"康有为皆以圆笔为表现萧散简远境界的最佳笔法，因为圆笔本身就具备飘逸、圆融、自在等感性特征。宗家顺先生的书法作品，便充分体现这些境界和特征。

宗家顺先生的行书继承赵朴初先生书法精髓，每每透过笔触，将佛教禅宗所倡导的参习虚静、了无尘碍杂念之境界，融汇于书法创作的点点滴滴，作品中透露出静气、恬淡之神采韵味。于是，在飞动流畅的线条中，"从心所欲"地流露着宗家顺先生闲散超脱的心灵境界。

读其行书，笔法参差摇曳，墨法掩映披拂，字字如莲花，笔笔有梵音，世尊讲经说法的静穆与淡定似乎透过书者的字里行间传递出来。品其楷书，点画精谨，结字优美，使人如沐春风，如对高士，忘却浮躁与喧杂，潜入深山古寺，参悟大千哲理，读之有书中情、禅中意。心若时时处处都是处在

"空"的状态，那么也就不期"灵"而"灵"自然至。观其隶书，超迈雍雅，宽博疏朗，笔力俊爽，充满汉隶庙堂之气象，以重笔醒目，但志在端庄；以轻笔求变，但志在逸趣。宗家顺先生的作品处处体现"妙手偶得""率意天成"的最佳创作境界。

## 禅意生命的修炼与创造

禅宗要开悟，必须坐禅实践；书法要提升，必须"博采"。书法家的"博采"，既包括转益多师，博览群帖，也包括多接近大自然，以大自然为师，在博览群帖和师法大自然的过程中，妙悟书法的真谛，表现自己的性灵。清朝刘熙载说："学书者有二观，曰观物，曰观我。观物以类情，观我以通德。如是则书之前后莫非书也，而书之时可知矣。"刘熙载所说的"观物"，即是观外物，既包括观字帖，也包括观自然界的物相。他所说的"观我"，既包括观察自己的德行，也包括观自己的书法。

所以，书法家必须把书法的临帖与创作，当成生命的修炼，去磨砺自己的心性；通过广泛临帖，反复揣摩，博采众长，最终获得形成于心而发之于心的妙悟。如郑板桥的书法，本来是学黄山谷的，后来参以"八分"（有挑脚的隶书），再加入兰竹笔意，就形成属于自己的独特书体。弘一大师说:"字画、笔法、笔力、结构、神韵,乃至某碑、某帖、某派,皆一致摒除,决不用心揣摹。"郑板桥的书法来自综合的加法,而弘一大师则是采取减法,二者最终皆形成自家面目。

宗家顺先生早在青少年时期,就开始了勤奋而淳朴的书法练习。1977年,经李萱立先生引荐,宗家顺先生拜著名书画家刘炳森先生为师,后又向著名书画家王任先生求教。此后,宗家顺先生在二位恩师的悉心教导下,刻苦研习书艺。学书伊始,宗家顺先生从唐朝颜真卿楷书入手,仅苦学临摹颜真卿《东方朔画赞》《勤礼碑》等就达六年之久,继而追慕"二王",同时学习李北海、杨凝式、苏东坡、米芾、董其昌及汉、魏碑版,经过数十年勤作苦练的坚持,中国书法传统精髓深深地融入他的血液之中。

书法的修炼与生活的修炼融合在一起,宗家顺先生的作品也逐渐形成了笔画浑厚、字形秀逸、结构缜密、笔墨洗练、气韵生动、精神饱满的特色,呈现出清静儒雅、豪迈凝重、散淡平和的独特魅力。

## 禅意生命的分享

人活着的意义,是创造比寿命更长的生命。佛陀虽已涅槃,我们仍然在学习他,以他为榜样,于是佛陀常住世间,这就是法身常在。儒家讲立功、立德、立言，因为事功、道德、文章是生命的存在，人终有一天会离开这个世界，但是后人怀念事功，感念道德，学习文章，于是生命仍然存在于这个世界。所以，立功、立德、立言被称为"三不朽"。

对于一个书法家来说，书法作品也是生命的存在。无常的世间，短暂的生命，真正能够分享的是彼此真实的生命。书法作品是书法家的生命流露，任何书法作品的给予与赠送都是一种生命的分享。当我们从书法家那里拿到一幅作品，其实是分享着他们的苦乐欢欣，分享着他们的安静悠闲以及简单的生活。方寸与黑白之间，是心灵的传递，如诗如歌，分享着生命的每一种滋味。收藏好，珍惜彼此的情谊，因为那是生命情谊的见证。

对于书法家自身来说，书法作品流传于世间，并不是因为钱，而是为生命自身。财富带来的仅仅是物质的享受，权势换不来身心的愉悦。只有分享，才会有博爱的心境，才能学会生活；只有分享，书法作品才有思想的深度，因为生命是永恒的主题；只有分享，才能明白存在的意义，明白书法作品才是宇宙人生真理的写照。

宗家顺先生秉持着佛法"广结善缘""布施分享"的精神，为许多佛教寺院题写匾额及抱柱楹联；同时，他还创作了许多书法作品与高僧大德结缘。宗先生在中国佛教协会工作，以书法融佛法，将自己的生命奉献给佛教事业，将自己的禅意生命分享给天下众生。

他除了经常参加国内外重大展览并获大奖外，亦在日本、澳大利亚，以及中国香港和内地多次举办个人书法篆刻展，其作品被艺术博物馆、美术馆，以及收藏家、中外学者、友人等收藏。

我们祝愿他的禅意生命更圆满，更清明！

# 天地的笔画、悟观与境界
## ——谈田东辉的书画艺术

他与我，一俗一僧，一老一青……两人的办公室在斜对门，看见他时，他总是仿佛醉意微醺，不知是真醉还是假醉？即使真在醉中，仍然不食言：一次，他已经醉意八分，答应了我朋友一幅字，过几天居然真送过来，真让我目瞪口呆！他，画家？书法家？玩家？真的很难界定他的创作，他从来用"玩玩"来回答我的疑问。他创造的艺术类别，有书法、水墨画、油画——中西皆玩？或者说贯通中西？他，爽朗，豪情，从来都是笑容可掬……他，就是中国佛教文化研究所副所长田东辉先生。

2006年，我便为他的画册写过序——《那一片云》。岁月沧桑，不变的友情，永恒的轮回；七年后，仍然是文字因缘，这或许是宿命吧！

## 象形与写意——天地的笔画

东汉许慎《说文解字序》云:"仓颉之初作书,盖依类象形,故谓之文;其后形声相益,即谓之字。文者,物象之本;字者,言孳乳而浸多也。著于竹帛谓之书,书者如也。"汉字的创造,即取法于天地万物之形象。唐代张彦远在其《历代名画记·叙画之源流》中说:"轩辕氏得于温洛中,史皇苍颉状焉。奎有芒角,下主辞章;颉有四目,仰观垂象。因俪鸟龟之迹,遂定书字之形。造化不能藏其秘,故天雨粟;灵怪不能遁其形,故夜鬼哭。是时也,书画同体而未分,象制肇创而犹略。无以传其意,故有书;无以见其形,故有画。"当人发明字时,天地鬼神都被震惊得战栗甚至哭泣,这是中华文明的开端。宗白华先生在《艺境》中曾经提出,世界艺术有三绝——希腊的雕塑、中国的绘画、德国的音乐;三足鼎立,中国居其一。因为在中国的艺术发展上"书画同源",而且中国绘画的根基也在书法。最初的文字即是图画,以图画表意,是由图画加以抽象而逐步形成的,其间又经历大篆、小篆、八分、隶书、真书、行书、草书各阶段。但是,二者异体而没有割断,二者在发展中总是相互融合、相互为用或相互促进。

而田东辉真正体现了"书画同源"的中国艺术特征。少年时代，他随父母下放到安徽萧县，这是全国著名的书画之乡，曾走出李可染、朱德群、王子云、刘开渠、萧龙士、王肇民等艺术大师。正是在浓厚艺术氛围的影响下，他的绘画天分崭露头角，开始了他的艺术人生之路。1970年，田东辉应征入伍，在部队中画版画而名噪一时，作品《朱老总拾粪》和《周总理纺线》先后参加了全军美展，被中国美术馆收藏。

20世纪80年代，田东辉开始传统的水墨画创作，他先后出版了《田东辉画集》《方圆世界》等画册。因缘巧合，1992年，他受到中国佛教协会会长赵朴初居士的赏识，调到中国佛教文化研究所工作，开始感受佛教文化，从事佛教艺术研究。在赵朴老的影响下，他又开始创作书法，正如张彦远所说："夫象物必在于形似，形似须全其骨气。骨气形似，皆本于立意而归乎用笔，故工画者多善书。"赵朴老十分赞赏田东辉的书法，为他的书法集题词。

中国的书画艺术是一种天地的"笔画"，书写天地的象形，描绘天地的意蕴，所以书画是通过"象形"和"写意"去表达天地的"笔画"。唐代孙过庭《书谱》说："情动形言，取会风骚之意；阳舒阴惨，本乎天地之心。""情动"是继承天地的精神，要有"国风""离骚"那种精神；而且这种"情动"要合乎天地的大道——"一阴一阳之谓道"，表现人格，创造意象。所以，"象形"是中国书画的基础，"写意"是中国书画的创作方法。

田东辉的书画创作，法自天然，取大自然之象形，如江边垂钓、暮霭归帆、清夏蛙鸣、山中独坐、雪霁初晴、雨后斜阳、独饮邀月等，多为山水；但是，又是自然的"写意"，是他的诗心禅意的凝结，是风骨神韵的展露，是与道相通的呈现。所以，他的书画在有意无意之间，笔墨简约、凝练，韵味清新、自然。

## 体悟与观照——天地的悟观

《老子》说："惚兮恍兮，其中有象；恍兮惚兮，其中有物。"天地中的"象"是在流转与变化中，其"意"更不会自明，必须本真的"我"去发现，去观照，去体悟。所以，创作的过程，也是对天地大道的体悟与观照的过程，如王弼《周易略例·明象》所说"尽意莫若象"或"意以象尽"。清朝刘熙载说："学书者有二观，曰观物，曰观我。观物以类情，观我以通德。""观物"是观字帖和前人的艺术作品，也观察自然界的物相；"观我"是观察自己的内心，体验自己的德行。创作者的"内在之光"通过其生活经历和生命体验，打破概念思维僵化所造成的遮蔽或阻碍，从而开显或表达了其心中的意象，这就是创作的过程，也是生命修炼的过程。

田东辉从农村到首都，从军队到宗教研究所，从画匠到画家，从画画到研究……其人生的转变弧度之大，令人惊叹。生活的转化，会带来无数生命的思考与体验，这是"内在之光"与天地大道贯通的过程,也是他自己的小宇宙与大宇宙协调的过程。庄子说:"天地与我并生,而万物与我为一。"这种生命的体验、体认、体会、体悟,是中国艺术整体思维的特点。通过天地的悟观,从而将天地的"原象"创生为艺术家心中非现成的"意象"。

所以,田东辉的作品具有非常强烈的创生性,画面虽不雄伟、壮阔,却淡雅、天真;墨色变幻,似无常而有序;山水酣畅淋漓,墨气扑人;花鸟浓淡枯润,构图奇巧;人物形神兼备,独具匠心。这种创生性,既有"三分人力七分天"的天赋,也有对待传统的"叛逆性",兼有青出于蓝而胜于蓝的"率尔师心,冥合天矩"之性,更有讲究"偏悟"的"出奇制胜"之性。2005 年,田东辉在煎中药时,不小心将汤药泼洒在宣纸上,自然流淌的汤药浸湿宣纸后,出现了一幅意想不到的"有机"山水。他经常向我展示这些山水画,他自己将其戏称为"尿不湿山水"。正是由于这次的意外,田东辉开始全新阶段的水墨创作,喷淋水墨和彩墨、添加化学试剂、抖动并折叠画纸等制作方式,成了田东辉的绘画手段。

南齐谢赫《古画品录》提出画的六法:一、气韵生动;二、骨法用笔;三、应物象形;四、随类赋彩;五、经营位置;六、传移横写。田东辉尽管使用了全新的创作方法,画面效果也让人颇感扑朔迷离,但是他仍然使用传统的材料与笔墨功力。风骨神韵的追求,体现中国书画艺术的写意精神,推动中国画"移其形似",以保证这种"写意"精神不被僵化,或者说使中国画不失去创造性。

## 自由与创造——天地的境界

神化的写意,必须来源于天地大道的观照,根植于对生命不断的体悟中。如石涛在《苦瓜和尚画语录》中说:"一画者,众有之本,万象之根,见于用神,藏用于人,而世人不知……夫画者,从于心者也……人能以一画具体而微,意明笔透。"石涛所说的"一画"即是"道",而"画者,从于心者"之"心",正是"本乎天地之心"的"道心"。而石涛又说:"画受墨,墨受笔,笔受腕,腕受心。如天之造生,地之造成,此其所以受也。"所以,中国书画的创生与变化,是要求书画家用心感受万物,而与大道相通。

但是,要与道相通,艺术家必须"解蔽""远尘",实现如禅者般的自在、活泼,开显心灵的自由,才能实现生命的创造。所以,自由与创造,既是天地的境界,也是艺术家追求的境界,生生不已。《金刚经》曰:"无所住而生其心。"《心经》曰:"照见五蕴皆空。"自由必须是一种空灵、通透的心境。拥有这种心境后,会有一种"一通百通"的"自由"感,就会推动创造或创新的自由。

田东辉在中国佛教文化研究所工作近三十年,亲近赵朴老居士,参访过茗山、本焕、净慧等佛教界诸山耆宿,听闻佛法，彻悟生命真谛，融艺术与禅学，汇诸方大家之长。田东辉概括自己的作品体系为"心画"。他曾听某高僧开示云："功课非用手，作画非用笔，而在用心。汝成竹有无皆为心用，所谓师造化、法自然，非求物求形，而为心法。世间万物，自有本性，即自然造化，是为天命，人所欲者，是唯物，是唯形，而非心，故心累，是为有求皆苦，须放下，须诀之，汝能明菩提无树，明镜非台，亦可明成竹之念是放不下。汝能放下随心随缘，则无物无我，自成境界。"生命的觉悟与艺术的创作，确实是"尽日寻春不见春，芒鞋踏破陇头云。归来偶把梅花嗅，春在枝头已十分"，阳光总在风雨后，在"山重水复疑无路"处。有佛法的指引，在高僧的点拨下，田东辉的艺术生命得到升华。

空，并不是死气沉沉的空无，而是破除一切执著、内外澄明通透、大自在、大自由的境界。"心画"让各种颜料和添加剂在宣纸上自由流淌，"自说自话"，画家最后在这些任意流淌的色块中添加上树木、房屋等简单形象，构成最终的画面。这是真正自由的创作，生命、天地大道融汇于一画，故为"心画"。在禅宗中，大珠慧海禅师回答如何用功修行，说："饥来吃饭，困来即眠。"这就是破除执著，而处于精神解放的自由无碍境域之中。所以，田东辉将画册命名为《随心》《圆融》《心画》《随缘》等。

生活不限于一天，还有明天；生命不在远方，即在当下。安住于当下，随缘任运，即是自由的解脱。无论是深山古寺，还是天边一抹云；无论是雁荡秋色、青衣江边，还是在水一方、居水一隅；无论是神山圣水、五台晴雪，还是青海长云、骤雨初歇……田东辉的这些作品都诠释了天地的境界——自由与创造。

# 游戏三昧
## ——生命的终极关怀与实践

玩,可能会导致玩物丧志,但也可能会玩出名堂,玩出真谛。中国佛教文化研究所副所长田东辉先生的一组"玩"字,则属于后者。各种各样的"玩"字,表现了书法者的创作灵感;同时,"玩"字旁边的名句则别出心裁,如陶渊明的"采菊东篱下,悠然见南山"、六祖慧能的"菩提本无树,明镜亦非台;本来无一物,何处惹尘埃"等。"玩"字与旁边的句子,在境界上相得益彰,在结构上浑然一体,既生动活泼,又禅意盎然。玩,必须玩好——不仅是口号,也是实践;不仅是生活,也是境界。

玩,在佛教中即是"游戏",玩的境界与实践即是"游戏三昧"。所以,探讨禅的游戏三昧,才能把"玩"的真谛说清楚。宗白华先生认为艺术境界是"以宇宙人生的具体为对象，赏玩它的色相、秩序、节奏、和谐，借以窥见自我的最深心灵的反映；化实境而虚境，创形象以为象征，使人类最高的心灵具体化、肉身化"，"艺术境界主于美"。在书法上，弘一大师的书法既体现了佛法的圆满和圆融无碍，也呈现了法师不滞于物而利于物的般若智慧。所以，书法的"玩"正是"无心于物，游心于物"，这就是"空"的境界的表现。所谓妙手偶得，都是在书家不刻意求工、胸中不滞于物的情况下发生的。心若时时处处都是处在"空"的状态，那么也就不期"灵"而"灵"自然至。这实际上就是"圆境"在书法创作中的体现。

"玩"的生活要在山水间，"仁者乐山，智者乐水"，要去体验"曲径通幽处，禅房花木深"。游戏三昧不是禅寂、枯禅或只管打坐，而是动进的心对世间的不取不舍的妙用，这颗心是灵动、活泼的。所以，万物与我不断互为主体，任运自在，灵动的心在山水间荡荡然无所寄。心不执著世间，也不舍弃世间，其核心在于"不染尘"，能够"安禅制毒龙"，修禅何须山水地，灭却心头火自凉。

"玩"在禅门中称为"游戏三昧"，因为禅心在现象界或日常生活中起动，产生不可思议的效果。所谓游戏三昧，是禅者或觉悟者以三昧为基础，在世间自在无碍地进行种种教化、点化、转化的工夫，对于不同情境、条件的众生，皆能自在地拈弄，以适切的手法或方便去响应，使他们都得益，最后得以觉悟。禅者运用种种方便法门，总是那样挥洒自如，得心应手，了无滞碍，仿如游戏，完全没有局束的感觉。所以，游戏是禅的动功，三昧是禅的静感；三昧是禅的专注与清明，游戏是禅的自在与作用，能够进行圆融无碍地教化。

《六祖坛经》说："见性之人，立亦得，不立亦得，去来自由，无滞无碍，应用随作，应语随答，普见化身，不离自性，即得自在神通，游戏三昧，是名见性。"所以，田东辉的旁批提到，"玩首先是天性，玩既是学问，也是境界，故一定把玩进行到底"。"天性"即是本来的自性清净心，"把玩进行到底"是一种修行，只有见性之人才能来去自由，"百花丛中过，片叶不沾身"，随缘教化众生。

"玩"作为生活之一部分，肯定会有生活中的悲欢离合、喜怒哀乐，"对酒当歌，人生几何"是"玩"。但是，生活中的欲望与烦恼终究会在不经意间偷袭我们的天性，所以就必须有"玩"的抉择，那就是"不好玩也玩，玩不好不玩""好玩就须玩好"。所以，"玩"是生活的智慧，不能堕入油滑与无赖，这才是提升为游戏三昧的境界。

田东辉先生年届花甲，1992年调入中国佛教文化研究所工作，亲近佛法，深得禅门大意。六十年的生死即是"大死一番"，才会真正活过来，才会有"玩"的创作。"玩"，生机盎然，自在游戏，一字永恒。

# 天地笔画之"精气神"
## ——赏范石泉先生书法有感

汉字取法于万物之形象,描绘天地之意蕴,彰显生生不已之境界。唐代孙过庭《书谱》曰:"情动形言,取会风骚之意;阳舒阴惨,本乎天地之心。"书法之道,乃人心感乎天地大道,达阴阳变化之道,故仿天地形象而现毫端之间。天地乃法界缘起,人是生命缘起,书法乃人与天地交感而后有应,仍不离缘起。有缘睹石泉老人之书法,蒙老人之厚爱,赠数轴作品;时时展卷而揣摩,故有感而思,略表一二,以记殊缘。

人之贵,在于有三宝,曰:精、气、神。书如其人之生活状态、生命境界,观石泉老人之书法,亦具精、气、神。老人出身于书香门第,幼习书法,临摹诸家名帖,博取众长。老人亦以习书为生活,以字会友,以字传情;平常兼习气功,融气功、书法为一体,年近八旬,仍然身形矫健,常自言:"当活一百二十岁,真乃书法人生、人生书法。"

精,乃身之本,是生命活动之基础。老子曰:"骨弱筋柔而握固,精之至也。人筋骨血肉,筋骨相连,血气畅通,骨坚身强,皆因精之涵养。"东汉书家蔡邕云:"为书之体,须入其形。书法之精,即悬腕运笔,点画线条,现为书法之结构。"石泉老人之作品,用笔苍劲有力,变化峥嵘,收放自如,彰老人耄耋之年养生有方。

气者,人之根本也。庄子曰:"人之生,气之聚也。"气之升降,故有生命运动,故要化精为气,培元补气。石泉老人习气功,专气致柔,刚柔相济,返老还童。故运精气为书法之势,老人之作品,若利剑长戈,若强弓硬矢,又若飞若动,若水火云雾,纵横有象,气势万千。

老子曰:"惚兮恍兮,其中有象;恍兮惚兮,其中有物。"天地之象在流转与变化中,需要本真之"我"去发现、观照、体悟。故书法创作之过程,亦是对天地大道的体悟与观照,尽意莫若象,意以象尽。清朝刘熙载云:"学书者有二观,曰观物,曰观我,观物以类情,观我以通德。""观物"是观字帖和前人的艺术作品,亦观察自然界之物相;"观我"是观察自我内心,体验自己德行。石泉老人临王羲之、米芾、文徵明、苏东坡、唐伯虎之帖,潜心观察诸家书品之神、韵、气、骨,将自己数十年之"内在之光"通过其生活经历和生命体验,兼收并蓄,从容开显心中之大千。书法之创作,亦是生命之修炼。

神者，生之制也。故化气为神，神行则气行，神住则气住。老子云："神得一以灵……神无以灵将恐歇。"石泉老人之气功锻炼，即调息服气以培元气，收敛识神似现元神。庄子曰："天地与我并生，而万物与我为一。"老人将数十年生命之体验、体认、体会、体悟，通过天地之悟观，将天地"原象"创生为心中非现成之"意象"。故练书法、习气功，亦如老僧习定，当通物理，应通其意，自然而成。故石泉老人重视兴会灵感，涵养情绪，即兴挥毫，即如苏轼常言"书初无意于佳乃佳尔"，如米芾之"随意落笔"。

书法乃笔画之人生，人生乃天地之笔画，书法之精气神亦如人之精气神，人之三宝融为书法之结构、笔势、神韵。石泉老人去绳墨之蔽，远红尘之染，如道家之自然、禅者之自在，开显自由之心灵，创造出圆润厚重之天地境界。

# 行者篇

图：峨眉山万年寺"第一山"碑，2013年5月摄于中国四川

# 2013 年

## 1 月

新年寄语：不要让信仰代替生活，要让生活体现信仰。祝愿世界和平，祖国昌盛，人民安乐；普隐学堂的学员们身心康泰，吉祥如意！《佛说善生经》云："懈惰有六失：一者富乐不肯作务，二者贫穷不肯勤修，三者寒时不肯勤修，四者热时不肯勤修，五者时早不肯勤修，六者时晚不肯勤修，是为懈惰六失。若长者、长者子，懈惰不已，其家财业，日日损减。"

| 1月1日 |

忙了一年下来，办活动，出国，讲课……终于觉得累了，害怕别人见我，害怕我见别人。当初那股豪爽与热情的劲头

不见了，总是在不断地推脱各种见面。很想静静地待着，看看书，写写那种连自己也懒得看的学术文章。到底是累了，还是老了？

| 1月5日 |

母亲手腕处骨折，十多天后，妹妹才告知我。打电话去，电话里乐观的声音反而不断地安慰我不用担心，说外公、外婆在活着的时候就告诉她：六十三岁有摔倒之厄。我们永远都无法知道：这些老人怎么会有这些宿命通？她们永远都有一种无私、无我、无造作的爱，将一切的困难都当成生命的历程。她们的身上，永远有一种庄严之美，散发着爱的光辉。

| 1月6日 |

这个早晨烟雾笼罩，疑是江南的晨雾万里，可是不敢出门，不敢打开窗户。于是，心仿佛变酸发霉了。我喜欢雨的滋润、雾的迷蒙、阳光的热情，可是实在无法喜欢这样的早晨。点一炷香吧，一种温馨而干燥的感觉弥漫在小屋的周围。再泡一壶妈妈送的老红茶。沉香之香，茶香，一种拙而且甘香的空气飘浮着，丝毫没有火气，沉潜其中，不知岁月流转。

| 1月11日 |

小时候在外婆家读小学，每周末回家，看到夕阳渐渐地沉落，心中总有一个声音：在太阳下山前回家。每次下雨时，滑倒了，会哭，甚至向天上打"雷结"，希望雨能停下来。我们总以为自己比时间快一点，但年岁很快地被时光掩埋。夕阳在我们微笑时，依然沉落；雨和雪，依然来来回回。我们没有跑赢太阳和雨，只能安住在这当前的一刻，专注于每一个变化之中，在因缘的变化中顺应、无憾、欢喜。天地与我同根，万物与我一体，与岁月共同无常，与雨雪共同变化；我们，不用与烦恼的自己同住，要与微笑的自己做伙伴。

| 1 月 15 日 |

释迦牟尼在成道之前，曾修苦行多年，形销骨立，最终决定放弃苦行。这时，他遇见一位牧羊女呈献乳糜，食后体力恢复，于是端坐于菩提树下沉思，终于在十二月八日彻悟成道。为了纪念佛陀成道，人们于十二月八日举行法会，称为"成道会""成道节""佛成道日""腊八会"。

| 1 月 18 日 |

十二月八日，佛陀睹明星而悟道。佛陀是生命的模范与导师，苦行是"非意义"而不是"无意义"，佛陀六年雪山苦行，麻麦饭充饥，芦苇穿过膝，鹊巢顶上，寸步不能移。但是，他

意识到这种苦行不能到达觉悟之境，才放弃苦行。所以，苦行虽然不是觉悟的正因，却是觉悟的增上缘。一碗粥，成就了一位觉者，成道也是需要道粮的；色身空幻，但须借色身而悟道。所以，每位学佛者应该拥有觉者境界和健康的身体。

|１月19日|

雪花在窗外轻轻飘扬，银光闪烁的竹子，吸吮着大地上的寒露。黄色的梅花，在凋零的冬天独自散发冷香，留下一行叹息。浅浅的脚印通向门口，清冷与漫游相随。哲人曰：灵魂，大地上的异乡者。孤独的灵魂，携带着内心的热情，却必须承荷沉重的命运去漫游。活着是如此痛苦，却也如此善和真。

雪，在安宁与寂静中洒落；一只鸟抖落了孤枝上的残雪，惊醒了雪的寂静之梦，孤枝终于露出僵硬的本质，不禁令人感叹相遇的短暂。没有夕阳的下午，傍晚只是一种意义和形象的转换，隐蔽着岁月的告别。

|１月20日|

## 2 月

手把青秧插满田，

低头便见水中天；
六根清净方为道，
退步原来是向前。

在冬天的北方，想着家乡的春天，想着迷蒙的田野、湿润的空气……只有在心田里耕耘，才能在心水中看见广阔的蓝天；退后是用谦虚恭谨的方式向前，这是真正的进步。农民用谦卑的姿势换来垂首的稻穗。

前进并不是进步的唯一方式，后退也是方式之一。我们的生活品质提高了，快乐指数却下降了；欲望增加了，灵性却退步了，这样的前进反倒是后退。

| 2月2日 |

看雨，心在觉醒：是雨在看我？还是我在看雨？正睡眠，被板声惊醒，突然想：人昏沉地睡眠，与动物有区别吗？吃饭，只是眼前的食物，那是什么？我，老鼠，在奔波，在惊惶，只有眼前的衣食欲望而没有觉醒的心。唉！本质上就是一只动物。

| 2月5日 |

窗外，雨蒙蒙，雾悠悠，雨声滴檐。屋内，炉烟飘荡，有快乐也沉潜，有悲伤也平静。青山元不动，白云自去来。

想想这座寺院的许多师父如座座青山，我们只是偶尔的一片白云，在他们的眼前飘过。来了，是造访青山；去了，是随云飘荡。

| 2月7日 |

住山没放下尘劳，山里依然尘劳纷扰；空灵没放下无奈，空灵的境界便是空虚；好心没有智慧，好心仍然做了坏事；信仰没有觉悟，信仰只是一种纠结……

| 2月13日 |

没有离别，便不能真正珍惜相聚的时刻；没有离别，就没有重逢的喜悦。因相聚而幸福的人，离别是好，将相思的泪化成甜美的水晶；因相聚而痛苦的人，离别最好，雾散云消看见了开阔的蓝天；在苦难中的人，离别是生命的期待与盼望。假期后，是离别的日子，离别是好！

| 2月15日 |

失眠时，因为一点光线和声音就会更加睡不着，因为心中总惦记着光线和声音。这是一个缺乏安定感的自己。四年的失眠，在一个深夜，因为观世音菩萨耳根圆通，放下了对

声音的执著，与声音合而为一、变为一体，一刹那间治好了失眠。当心里想着要睡一个好觉时，往往容易失眠；心里计划着"要有一个美好人生"的人，总是饱受折磨。外刚内柔的人，一旦受到挫折，就容易走极端；外柔内刚的人，则会自我挣扎，难以放松。唯有内外都柔软，才能一心一境，情景交融。平常心即无心。

|2月16日|

北京今晚无月，明月多应在故乡。想那笑语盈盈，忆灯市如昼，看那鱼龙舞，疑是人间闹龙宫。蓦然回首，月上柳梢，灯火阑珊，故人约在黄昏后。角楼人静处，月落西墙，青灯下思古语，长笑人生无良辰，日日复日日。

|2月24日|

## 3月

现实因缘正一步步远离那座待了十年的古城，心中不舍之情却一点点增长；嘴上仍然会说回去，想起来依旧会湿润双眼；脑海中不断浮现着那里的一草一木、白色的小楼、尊敬的导师、可爱的学生……岁月沧桑,唯独没有抹杀掉那份情感。

|3月4日|

檐前滴雨,宛然一片春声。壶沸老茶,中间夹带沉香韵,疑是山中兰若。释《心经》,问道难,般若冥冥契性空。门前车马动,才知红尘滚滚来。看黄竹摇曳,青青已在枝头。末了,潜居红墙绿瓦,难分圣与俗。

|3月12日|

## 4月

看夕阳下波光粼粼,听夜幕下梵钟悠长,忽觉世间光阴蹉跎,已是深夜入静时分。

|4月2日|

那个遥远的山村,剩下五间石头房,房前的柚子树一定很高很高了。在漫山遍野的油菜花中奔跑,欢乐的笑声回荡在田野与大山中间;在绿草茵茵的大草坪上吹风、遐想,看

海军的军舰在港口进进出出,听军号嘹亮……在这个日子里,很想回去看看那个充满儿童欢乐的山村,爷爷、奶奶都不在了,回想成为回去的最好理由。

|4月4日|

### 清明雨

清明午后雨,

春意渐续,

滴檐声声哀思绪;

绿竹已枯兮,

芳草萋萋,

桃花盛开,

不待柳絮飞舞。

墙外车马喧嚣,

红尘万里,

且去,

且去,

深埋夕阳青山绿。

|4月4日|

办公室的挂钟坏了,永远都停在那一刻。可是这无法挡

住时光的流逝,在踟蹰沉思、日升月落、喝茶谈心时,岁月都从指缝中溜走。面对世间的无常,唯有两个办法:一、接受、观照无常,无怨无悔地面对无常,即是平常心是道;二、在无常中有不变的东西——信仰和理想,用信仰安顿无常的生命,用理想激励自己去面对不确定的未来。前者为声闻道,后者为菩萨道。声闻修行者明白无常的真理,破除"常"的执著,心无挂碍。菩萨修行者搁置了"无常",用无尽的愿行破除"无常"的恐惧,即在时间上破除无常;用无边的众生改变了空间上的无常。声闻是在理上断除"无常"的烦恼,菩萨是在理、事上提高了"无常"的维度,二者皆实现了生命的永恒,但菩萨更注重实现自他生命的共同意义。

| 4 月 5 日 |

护法弘道,莫先帝王;不依国主,则法事难立。这是中国佛教的政教关系格局,也是中国佛教的生存智慧。因此,"强拆兴教寺"事件的最终解决仍然取决于政治力量的介入,其前提在于民意的统一、佛教界的强烈呼声、政治力量的高瞻远瞩。有信心就有力量,有愿力就有动力。

| 4 月 15 日 |

我轻轻地来,又轻轻地走了,什么也没带来,什么也没

带走，只有一颗更加漂泊与孤独的心。身后熙熙攘攘的人群，离我很近，也很远。我在落地玻璃窗前沉思，本来没有内，也没有外。这个宝岛与我一样，有回家的梦，但也有近乡的烦乱与怯意。不知道要流浪多久？或许就这样静静地坐着吧！没有离开，也没靠近！

| 4 月 17 日 |

在自媒体时代，人人都是记者，年轻的僧人亦是难免。但是，在庄严的法会上，出家人应该净心诵经，具足威仪，清净虔诚；尤其是老和尚的追思法会上，更应该专注、虔诚，便不能去摄影、发微博。恕我多嘴！

| 4 月 26 日 |

## 5 月

从小有个武侠梦，长发、长服、长剑，一匹骏马为伴，浪迹江湖。尤其是穿过竹林，徘徊在树林中，风吟马啸，急驰徐行。那首"莫听穿林打叶声，何妨吟啸且徐行。竹杖芒鞋轻胜马，谁怕？一蓑烟雨任平生。 料峭春风吹酒醒，微冷，山头斜照却相迎。回首向来萧瑟处，归去，也无风雨也无晴"，常萦绕在耳旁。觉悟有多困难，一个武侠梦都很难舍离。

| 5月9日 |

两千六百年前的今天，他降生人间，左手指着天，右手指着地，金盆内，九龙吐水沐金身。天上天下，无有如佛者，因为觉悟是世间最可贵的。他雪山六年修行，麻麦饭充饥，芦苇穿过膝，鸟鹊在他头顶上筑巢，觉悟的过程就是面对痛苦的过程。他在恒河两岸说法不懈，觉悟人生的最根本目的，是为了觉悟众生而奉献自己的人生。

| 5月17日 |

出家前从未吃过苦瓜，每次吃饭时都是皱着眉头吃几片。师公说："连苦瓜的苦都吃不了，还能吃什么苦？"于是，痛下决心多吃苦瓜，最后苦瓜成为我的最爱食物。苦瓜的本质是苦的，无论什么做法都不能改变其苦味。生命的痛苦永远无法回避，只能去面对，认识痛苦的根源，断除造成痛苦的烦恼，这就是智慧。

| 5月19日 |

莫言说："我没有宗教信仰。宗教的本质是劝人向善，在

这一点上，文学和宗教是一致的。"杨振宁说："宗教和科学是息息相关的，两者并不矛盾。近现代以来，科学的范畴日益扩大，科学扩张一点，宗教就退后一点，科学领地多出的部分，正是从宗教那边夺过来的。但是我认为，科学是有限的，而宗教是无限的，年龄越大，我的这一想法就越清晰……因为人类的神经元是有限的，用有限的神经元想了解世界上无限的现象是几乎不可能的。"

|5月20日|

开示话剧导演田沁鑫，云："大地乾坤尽是一场戏。"

|5月28日|

# 6月

### 静思

坐阶前，
观平波，
平波锁雾雨渐来。
穆穆红墙掩梵刹，

喳喳鹊语唤禅人。

|6月8日|

普隐学堂的人事原则：没有重要与核心的人，只有重要与核心的事；当一个人承担了重要与核心的事，他就成为重要与核心的人，大家都要配合、听从他；佛法弘扬不是一个人的事，是所有人的事；办事总会出错，有点矛盾与个人色彩是很正常的，但是不能离开普隐学堂的根本宗旨、理念。

|6月19日|

# 7月

坚持，只是当初的承诺；放弃，只想维护那份尊严。凡夫的困难，在于思索承诺与尊严哪个更重要。儒家说，士可杀不可辱，尊严更重要；佛法说，烦恼无边誓愿断，尊严正是我执的烦恼，理想和承诺更重要。

大地尽是一场戏，登台终有下台时；万缘放下归寂灭，幻化空身即法身。

|7月1日|

旅行就是发现自己的过程，发现自己与新的国土、人的关系，发现不同的身、心、土的关系。一年来一次，会出现身、心、土一定程度的不适应；一年来三次，则较容易适应这片国土。一方水土养一方人，是佛法依正关系的阐释。依正不二，珍惜当下的国土，观察、觉醒身、心、土的关系，不忧、不惧、不悔。

| 7 月 7 日 |

我从小就有一个武侠梦，一把长剑，浪迹江湖。路见不平，长剑出鞘，除暴安良；闲时，孤坐悬崖，看云起云落，一卷书，一壶茶，一蓑烟雨任平生。看钓鱼岛失落，观南海不平，视国内不平，胸中有万丈豪气；平天下，定人心，吾辈自有热血洒江山。这也是梦，醒了！读书、写作去！

| 7 月 18 日 |

去过日本、韩国、美国的农村，发现它们有一些共同特点：一、城市与农村没有明显差别，主要是政府平等看待农村的基础建设，将水和电通到每一户农民家中，公路修到每一户门前；二、农村非常干净，生态环境极好，明显比城市更宜居；三、从未出现过统一的住宅，都是各自散落在乡间；四、税收制度更有利于农村发展。

| 7 月 31 日 |

## 8月

家，只是一种熟悉的感觉。走进英属哥伦比亚大学的CAREY中心的前厅，接待处已经下班了，留下一张纸条，这时心中突然涌现出相似的感觉。

三年前曾经来过，一口家乡的茶，一次"大地的栖息"的顿悟。几个熟悉的人，蓝蓝的天空，疏朗的小屋，高高的大树；家就是温馨、宁静、舒适的感觉，有感觉就有家。

| 8月1日 |

英属哥伦比亚大学校园一景，2013年8月摄于加拿大

无论外面世界的风光多么美，自己总是一个无法安顿的游子；无论外面世界的人多么热情，总有无法熟悉起来的陌生感；无论外面世界的生活多么悠闲，总有害怕沉沦的恐惧感。无论走多远，都要回到自己的原点，这是业力；可是毕竟走过，在业力的束缚中，愿力总在不断地发酵，改变和移动着那个原点，这是迈向解脱之道。

| 8 月 8 日 |

无论走多远，都是要回来的。心如悠悠的白云，终于能够停下来，睡一个安稳觉。

| 8 月 19 日 |

小时候走过那条路，路不好走而常常摔倒，所以为后人修一条路；小时候常常吃老和尚的饼，所以要供养、尊敬老和尚；小时候喜欢观世音菩萨，所以想把这根名贵的木头塑成她的样子……成长意味着责任和承担，因为自己的成长是善缘扶助的结果，所以要创造新的善缘回向给过去。

| 8 月 22 日 |

常常想自己也能成为深山中的一棵树，耳边只有风声鸟

鸣,身边只有云雾缭绕,仰望日月星空,俯瞰莽莽丛林;常常想自己也躲进深山的一个小木屋,坐禅息心,读书沉思……安居结束了,台风来了,可是没有挡住那些出家人下山的步伐,那些渐渐消失在云雾中的身影引起我的深思。

| 8 月 22 日 |

### 初秋

蓝云天,红墙外,秋意渐袭,苒苒物华减。炎炎暑退禅房静,浮云无心,飘在万里外。

燃沉香,阅金经,日日如是,愿做逍遥客。阶前茅草沾露光,风月满天,临风怀师意。

| 8 月 30 日 |

## 9 月

孤坐钟楼顶,小窗独望,清风习习荡平波。观世间万象,缘起性空,一体如如扫分别。广化道场弘正法,法王座下添新孙,长笑一声冲虚空。

| 9 月 2 日 |

生命的成长，既要有引导，也需要同行。一个人的生命旅行，总有点孤独；一帮人的旅行，加上正法的引导与摄受，又有同行的激励与鼓励，同愿同行，才能走得远一点，行得快乐点。姑妈在海的那边等大家！

|9月6日|

前往参加北京大学宗教学系、中国人民大学佛教与宗教学理论研究所、中国社会科学院佛教研究中心主办的"净慧长老与生活禅"学术研讨会，在一本杂志上发现了《净慧自赞》，摘录于此。

净慧自赞[①]

2013年1月29日

早岁参禅悦，截流[②]识此心；
云门蒙授记[③]，赵州作主人[④]。
生活禅风立，修行不择根[⑤]；
把握在当下，电光石火顷。

---

[①] 长老于壬辰年腊月十八日写下此诗，交给崇戒打印，并嘱暂时不要发表，也暂不要交给马明博居士编入诗集。未曾想长老竟于2013年4月20日安详示寂。经请示明海大和尚同意，此诗收入《经窗禅韵》。——崇戒注
[②] 截流，指禅修时观照己心，截断妄流。
[③] 指1952年虚云长老为师传法授记事。
[④] 1988年，师应请主持赵州祖庭兴复工作。
[⑤] 师提倡的"生活禅"法门，普润群根。

七旬承道信，八旬侍弘忍①；
五载当阳道，玉泉度门兴②。
宝掌千年寿，虚公百廿春；
同参东西祖③，道绝去来今。

| 9月12日 |

### 中秋祈愿文

皎皎秋月，洒遍大千，清清素心，虔诚祈愿：
愿祛除烦恼，清凉无恼。
愿福慧圆满，百福庄严。
愿心地无云，清辉朗耀。
愿人心和善，惜缘护生，同行感恩。
愿家庭和乐，亲情交融，同行奉献。
愿人际和顺，沟通互助，同行结缘。
愿社会和睦，各得其所，同行包容。
愿文明和谐，彼此欣赏，同行尊重。
愿世界和平，化怨为友，同行分享。

| 9月19日 |

---

① 2003年，师七十一岁时，驻锡黄梅四祖寺；2013年，师八十一岁时，应请为五祖寺方丈。
② 2003年至2008年，师在湖北当阳重兴玉泉寺、度门寺。
③ 黄梅西山正觉寺为禅宗四祖道信禅师道场，东山五祖寺为禅宗五祖弘忍禅师道场。师兼任这两座禅宗祖庭的住持。

感恩果行居士侯志奎赞助，普隐学堂在南京大学设立"普隐人文讲座"，在清华大学设立"清华大学佛学讲座"。同愿同行，推动中华文化的发展，提升大学的人文素质。

|9月20日|

### 晨坐

听鹊语呢喃，思魏晋风度，玄远虚胜善名理。才性通天理，有无明一多，圣人情无累，得意已忘言。

|9月22日|

## 10月

一本书便是一个故事。

一位七十五岁的老人，在京都的街头逛书店，那是一个曾经留学生活过两年的地方，该有多少回忆与感慨。老人在知恩寺旁中国文书店买下新加坡学者古正美所著《从天王传统到佛王传统——中国中世佛教治国意识形态研究》，可见老人对学术的关注与兴趣。两年后，他又把这本书送给了一位年轻人。薪火相传一本书。

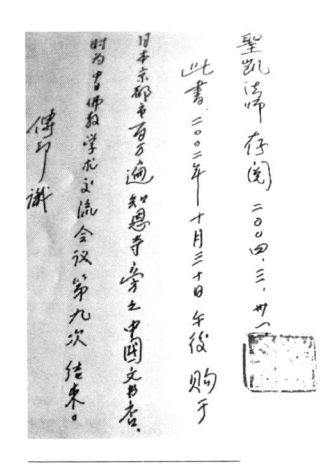

传印长老赠书

| 10月2日 |

岁月在日升与日落中消逝,若能安心于无常,精进、从容,无常即为常!

| 10月3日 |

中国佛学院普陀山学院晨吟:

佛国望晴空,楼阁如画,苍松翠竹掩梵刹。
临风怀故人,流年似水,天际归舟伴浪涛。
二十年梦,慈眼悲心伴孤眠,杨枝洒清凉。

| 10月15日 |

白光老法师1985年4月回忆界诠法师诗：

寂寞窗前坐，庭空月半悬。
心驰岭海阔，梦涛闽云连。
池浅龙难卧，松深鹤易眠。
清辉常不足，盼得几时圆？

| 10 月 19 日 |

学生问：有哪里想去的地方吗？答：没有。问：最想干什么？答：最想一整天静静地待着，感受日出和日落，安住在无常的岁月中。

| 10 月 19 日 |

《佛学研究》（2013年）终于编辑完成，本次作者来自日本、美国，以及中国内地、香港地区等，共收录了七十七篇文章。整本杂志，都是我一个人的活，收稿、编辑、校对、封面设计，如同我的生命，呵护、养育着；一个标点、一个错字、一句不顺的话……感恩所有人的成就！

| 10 月 28 日 |

## 11 月

想给普隐学堂男女学员设计服装——春秋装和夏装，标准是：在生活中能穿得出去，能够体现"觉者境界，君子气象，隐士风度，文人情怀"的理念。请大家提供合适的款式供参考！

|11 月 13 日|

人生有限，我们也只能为有缘人的生命成长做一点事情，制定一套共修制度，供普隐学堂各地共修会使用。领头羊只能号召，无法取代。各人生死自了，请大家各自保重，各自精进，共同进步！

|11 月 15 日|

妈妈语录：社会保险是别人的钱，还是不要用好。治病花自己的钱，心安，病也容易好！

|11 月 16 日|

回来了，梧桐树下正飘着金黄色的落叶。在每一片的落叶

中，都发现了那个十年间的影子；在每一声啾啾的鸟鸣中，似乎都听到自己的声音，读书、教书、生活的声音；在校园的每个角落，都找到了自己的过去。那一刹那，涌现了整整十年的生活。我用心去回味，去反思，去寻找，一切都似乎在眼前。

| 11 月 24 日 |

### 叹孤独

我本孤独生，
无意入尘劳；
闲宿茅屋处，
归心白云中。

终南山茅屋一景，2013 年 11 月摄于中国陕西

我本孤獨生
當作孤獨想
嘗盡孤獨味
安然孤獨去

终南山茅屋一景，2013年11月摄于中国陕西

终南山茅屋一景，2013年11月摄于中国陕西

终南山茅屋一景，2013年11月摄于中国陕西

终南山茅屋一景，2013年11月摄于中国陕西

| 11月27日 |

踏着阳光下的小径，走进洒满阳光的办公室，看着书架上乱堆的书，想着秦川的苍翠与雄伟，发现这才是自己的生活。不必羡慕那清苦的隐居生活，也不必执著红尘的劳苦；珍惜阳光照在身上的岁月，因为阳光不会为我们停留。面对大山的孤独、滚滚红尘的孤独，只需要终日无心人自闲。

| 11 月 29 日 |

## 12 月

冬月初一，岁月无常，唯勤精进，慎勿放逸！愿生命一直在觉悟的世界里，没有迷失；愿心一直以三宝为皈依，没有丢失；愿人一直以佛菩萨为榜样，没有放弃自己。

| 12 月 3 日 |

百丈禅师："不异旧时人，只异旧时行履处。"

| 12 月 22 日 |

不必总结过去的 2013 年，因为往事不堪回首。计划赶不上

变化——计划中的一些写作都没有完成，却因为各种因缘写了一些计划外的文章。学堂也没什么，就是上课、读书、共修。除此之外的人生，都是随缘度日，明日复明日，2013年至2014年，只在一念之间。更加精进，更加坚持，更加专注！

| 12月29日 |

2013年最后一天回来看望恩师，岁月在他的身体留下印记，苍发、腰痛……也让他更加和蔼可亲。他一直站在寒风中送我上车，不断地挥手，让我泪水满眶，一种父子般的情缘系在二人之间。他，内敛而深情，善良而智慧，无私地哺育了一批批佛学和中国文化研究者。

| 12月31日 |

经典撷录篇

图：洛杉矶法印寺所藏印海长老译著集，2013 年 7 月摄于美国

# 佛所行赞

惭愧为严服，惭为制象钩，
惭愧令心定，无惭丧善根，
惭愧世称贤，无惭禽兽伦。
若人以利刀，节节解其身，
不应怀恚恨，口不加恶言。
恶念而恶言，自伤不害彼，
节身修苦行，无过忍辱胜。
唯有行忍辱，难伏坚固力，
是故勿怀恨，恶言以加人。
瞋恚坏正法，亦坏端正色，
丧失美名称，瞋火自烧心，
瞋为功德怨，爱德勿怀恨。
在家多诸恼，瞋恚故非怪，

出家而怀瞋，是则与理乖，
犹如冷水中，而有盛火燃。
憍慢心若生，当自手摩顶，
剃发服染衣，手持乞食器，
边生裁自活，何为生憍慢？
俗人衣色族，憍慢亦为过，
何况出家人，志求解脱道，
而生憍慢心，此则大不可。
曲直性相违，不俱犹霜炎，
出家修直道，谄曲非所应，
谄伪幻虚诈，唯法不欺诳。
多求则为苦，少欲则安隐，
为安应少欲，况求真解脱。
悭吝畏多求，恐损其财宝，
好施者亦畏，愧财不供足，
是故当少欲，施彼无畏心，
由此少欲心，则得解脱道。
若欲求解脱，亦应习知足，
知足常欢喜，欢喜即是法。
资生具虽陋，知足故常安，
不知足之人，虽得生天乐，
以不知足故，苦火常烧心。

富而不知足，是亦为贫苦，
虽贫而知足，是则第一富。
其不知足者，五欲境弥广，
犹更求无厌，长夜驰骋苦，
汲汲怀忧虑，反为知足哀。
不多受眷属，其心常安隐，
安隐寂静故，人天悉奉事，
是故当舍离，亲疏二眷属。
如旷泽孤树，众鸟多集栖，
多畜众亦然，长夜受众苦，
多众多缠累，如老象溺泥。
若人勤精进，无利而不获，
是故当昼夜，精勤不懈怠。
山谷微流水，常流故决石，
钻火不精进，徒劳而不获，
是故当精进，如壮夫钻火。
善友虽为良，不及于正念，
正念存于心，众恶悉不入。
是故修行者，常当念其身，
于身若失念，一切善则忘。
譬如勇猛将，被甲御强敌，
正念为重铠，能制六境贼。

正定捡觉心，观世间生灭，
是故修行者，当习三摩提。
三昧已寂静，能灭一切苦，
智慧能照明，远离于摄受。
等观内思惟，随顺趣正法，
在家及出家，斯应由此路。
生老死大海，智慧为轻舟，
无明大暗冥，智慧为明灯，
诸缠结垢病，智慧为良药，
烦恼棘刺林，智慧为利斧，
痴爱驶水流，智慧为桥梁，
是故当勤习，闻思修生慧。
成就三种慧，虽盲慧眼通，
无慧心虚伪，是则非出家。
是故当觉知，离诸虚伪法，
逮得微妙乐，寂静安隐处。
遵崇不放逸，放逸为善怨，
若人不放逸，得生帝释处，
纵心放逸者，则堕阿修罗。
安慰慈悲业，所应我已毕，
汝等当精勤，善自修其业。
山林空闲处，增长寂静心，

当自勤劝勉，勿令后悔恨。
犹如世良医，应病说方药，
抱病而不服，是非良医过。
我已说真实，显示平等路，
闻而不奉用，此非说者咎。

# 长阿含经

## 游行经

凡人犯戒,有五衰耗。何谓为五?一者求财,所愿不遂。二者设有所得,日当衰耗。三者在所至处,众所不敬。四者丑名恶声,流闻天下。五者身坏命终,当入地狱。

凡人持戒,有五功德。何谓为五?一者诸有所求,辄得如愿。二者所有财产,增益无损。三者所往之处,众人敬爱。四者好名善誉,周闻天下。五者身坏命终,必生天上。

云何比丘具诸威仪?于是比丘可行知行,可止知止;左右顾视,屈伸俯仰,摄持衣钵,食饮汤药,不失仪则;善设方便,除去荫盖,行住坐卧,觉寤语默,摄心不乱,是谓比丘具诸威仪。

我以此法自身作证,成最正觉,谓四念处、四意断、四神足、四禅、五根、五力、七觉意、贤圣八道。汝等宜当于此法中和同敬顺，勿生诤讼，同一师受，同一水乳，于我法中宜勤受学，共相炽然，共相娱乐。

沙门凡有四，志趣各不同，汝当识别之。

一行道殊胜，二善说道义，

三依道生活，四为道作秽。

何谓道殊胜，善说于道义，

依道而生活，有为道作秽？

能度恩爱刺，入涅槃无疑，

超越天人路，说此道殊胜。

善解第一义，说道无垢秽，

慈仁决众疑，是为善说道。

善敷演法句，依道以自生，

遥望无垢场，名依道生活。

内怀于奸邪，外像如清白，

虚诳无成实，此为道作秽。

人能受法，能行法者，斯乃名曰供养如来。

一者长寿不夭，无能及者；二者身强无患，无能及者；三者颜貌端正，无能及者；四者宝藏盈溢，无能及者。

此有为法，无常变易，要归磨灭，贪欲无厌，消散人命，恋著恩爱，无有知足。唯得圣智，谛见道者，尔乃知足。

## 阇尼沙经

其有音声，五种清净，乃名梵声。何等五？一者其音正直，二者其音和雅，三者其音清彻，四者其音深满，五者周遍远闻。具此五者，乃名梵音。

## 转轮圣王修行经

子白父王："转轮圣王正法云何？当云何行？"

王告子曰："当依于法，立法具法，恭敬尊重，观察于法，以法为首，守护正法。又当以法诲诸婇女，又当以法护视教诫诸王子、大臣、群寮、百官，及诸人民、沙门、婆罗门，下至禽兽，皆当护视。"

又告子曰："又汝土境所有沙门、婆罗门履行清真，功德具足，精进不懈，去离骄慢，忍辱仁爱，闲独自修，独自止息，独到涅槃。自除贪欲，化彼除贪；自除嗔恚，化彼除嗔；自除愚痴，化彼除痴。于染不染，于恶不恶，于愚不愚，可著不著，可住不住，可居不居。身行质直，口言质直，意念质直；身行清净，口言清净，意念清净；正命清净，仁慧无厌，衣食知足，持钵乞食，以福众生。有如是人者，汝当数诣，随时谘问，凡所修行，何善何恶？云何为犯？云何非犯？

何者可亲？何者不可亲？何者可作？何者不可作？施行何法，长夜受乐？汝谘问已，以意观察，宜行则行，宜舍则舍。国有孤老，当拯给之；贫穷困劣，有来求者，慎勿违逆。国有旧法，汝勿改易。此是转轮圣王所修行法，汝当奉行。"

## 众集经

四记论：决定记论、分别记论、诘问记论、止住记论。

复有五法，谓灭尽枝：一者比丘信佛、如来、至真、等正觉，十号俱具；二者比丘无病，身常安稳；三者质直、无有谀谄，能如是者，如来则示涅槃径路；四者自专其心，使不错乱，昔所讽诵，忆持不忘；五者善于观察法之起灭，以贤圣行，尽于苦本。

## 十上经

八大人觉：道当少欲，多欲非道；道当知足，无厌非道；道当闲静，乐众非道；道当自守，戏笑非道；道当精进，懈怠非道；道当专念，多忘非道；道当定意，乱意非道；道当智慧，愚痴非道。

若比丘有信、有戒、有多闻，能说法，能养众，能在大众广演法言，成就四禅，于八解脱逆顺游行，舍有漏成无漏，心解脱、智慧解脱,于现法中自身作证——生死已尽,梵行已立,所作已办,更不受有,则梵行具足。

## 大缘方便经

如是缘痴有行,缘行有识,缘识有名色,缘名色有六入,缘六入有触,缘触有受,缘受有爱,缘爱有取,缘取有有,缘有有生,缘生有老死、忧悲苦恼,大患所集,是为此大苦阴缘。

## 善生经

六损财业者:一者耽湎于酒,二者博戏,三者放荡,四者迷于伎乐,五者恶友相得,六者懈堕,是为六损财业。

饮酒有六失:一者失财,二者生病,三者斗诤,四者恶名流布,五者恚怒暴生,六者智慧日损。善生!若彼长者、长者子饮酒不已,其家产业日日损减。善生!博戏有六失,云何为六?一者财产日耗,二者虽胜生怨,三者智者所责,四者人不敬信,五者为人疏外,六者生盗窃心。

四怨如亲:一者畏伏,二者美言,三者敬顺,四者恶友。

畏伏亲:一者先与后夺,二者与少望多,三者畏故强亲,四者为利故亲。

美言亲：一者善恶斯顺，二者有难舍离，三者外有善来密止之，四者见有危事便排济之。

敬顺亲：一者先诳，二者后诳，三者现诳，四者见有小过便加杖之。

恶友亲：一者饮酒时为友，二者博戏时为友，三者淫逸时为友，四者歌舞时为友。

人子敬顺父母：一者供奉，能使无乏；二者凡有所为，先白父母；三者父母所为，恭顺不逆；四者父母正令，不敢违背；五者不断父母所为正业。

父母敬亲其子：一者制子不听为恶，二者指授示其善处，三者慈爱入骨彻髓，四者为子求善婚娶，五者随时供给所须。

弟子敬奉师长：一者给侍所须；二者礼敬供养；三者尊重戴仰；四者师有教敕，敬顺无违；五者从师闻法，善持不忘。

师长敬视弟子：一者顺法调御；二者诲其未闻；三者随其所问，令善解义；四者示其善友；五者尽以所知，诲授不吝。

夫敬待妻：一者相待以礼，二者威严不缺，三者衣食随时，四者庄严以时，五者委付家内。

妻恭敬夫：一者先起，二者后坐，三者和言，四者敬顺，五者先意承旨。

主教授僮使：一者随能使役，二者饮食随时，三者赐劳随时，四者病与医药，五者纵其休假。

僮使奉事其主：一者早起，二者为事周密，三者不与不取，四者作务以次，五者称扬主名。

檀越供奉沙门：一者身行慈，二者口行慈，三者意行慈，四者以时施，五者门不制止。

沙门教授檀越：一者防护不令为恶，二者指授善处，三者教怀善心，四者使未闻者闻，五者已闻能使善解，六者开示天路。

## 清净经

佛于初夜成最正觉，及末后夜，于其中间，有所言说，尽皆如实，故名如来。复次，如来所说如事，事如所说，故名如来。以何等义，名等正觉？佛所知见、所灭、所觉，佛尽觉知，故名等正觉。

## 自欢喜经

言清净者，世尊于诸沙门、婆罗门不说无益虚妄之言，言不求胜，亦不朋党，所言柔和，不失时节，言不虚发，是为言清净。

# 中阿含经

## 七日经

一切行无常,不久住法、速变易法、不可倚法;如是诸行不当乐著,当患厌之,当求舍离,当求解脱。

## 伽蓝经

彼(如来)若说法,初善、中善、竟亦善,有义有文,具足清净,显现梵行。

## 周那问见经

若有不自调御,他不调御欲调御者,终无是处。

## 诸法本经

习出家学道心,习无常想,习无常苦想,习苦无我想,习不净想,习恶食想,习一切世间不可乐想,习死想,知世间好恶,习如是想心。

## 沙门二十亿经

极大精进,令心掉乱;不极精进,令心懈怠。

## 行欲经

若如法求财,自身勤所得,供他及自用,亦以施为福,二俱皆有德,于行欲最上。若得出要慧,行欲住在家,见灾患知足,节俭用财物,彼得出欲慧,于行欲最上。

## 何欲经

居士者，欲得财物，行于智慧，立以技术，依于作业，以作业竟为讫。

妇人者，欲得男子，行于严饰，立以儿子，依于无对，以自在为讫。

沙门者，欲得真谛，行于智慧，所立以戒，依于无处，以涅槃为讫。

# 大方广佛华严经

## 普贤行愿品

善男子！菩萨因善知识，常能增长一切善根，譬如雪山，生长药草；因善知识，成佛法器，譬如大海，吞纳众流；因善知识，成功德处，譬如大海，出生众宝；因善知识，净菩提心，譬如猛火，能炼真金；因善知识，出诸世间，如须弥山，出于大海；因善知识，不染世法，譬如莲华，不著尘水；因善知识，不受诸恶，譬如大海，不宿死尸；因善知识，增长白法，譬如白月，渐次圆满；因善知识，照明法界，譬如盛日，照四天下；因善知识，增长大愿，譬如父母，养育婴儿。

## 入法界品

善男子：善知识者，如慈母，出生佛种故。如慈父，广大利益故。如乳母，守护不令作恶故。如教师，示其菩萨所学故。如善导，能示波罗密道故。如良医，能治烦恼诸病故。如雪山，增长一切智药故。如勇将，殄除一切怖畏故。如济客，令出生死瀑流故。如船师，令到智慧宝洲故。

# 竹窗随笔

## 世智当悟

智有二：有世间智，有出世间智。

世智又二：一者博学宏辞，长技远略，但以多知多解而胜乎人者是也；二者明善恶，别邪正，行其所当行而止其所当止者是也。仅得其初，是谓狂智，当堕三途；兼得其后，是谓正智，报在人天。何以故？德胜才谓之君子，才胜德谓之小人也。

出世间智亦二：一者善能分别如来正法，四谛六度等，依而奉行者是也；二者破无明惑，如实了了，见自本心者是也。仅得其初，是出世间智也，名为渐入；兼得其后，是出世间上上智也，乃名顿超。何以故？但得本，不愁末；得末者，未必得本也。

今有乍得世智初分，便谓大彻大悟者，何谬昧之甚！

## 广览

　　看经须是周遍广博，方得融贯，不致偏执。盖经有此处建立、彼处扫荡，此处扫荡、彼处建立，随时逐机，无定法故。假使只看《楞严》，见势至不入圆通，而不广览称赞净土诸经，便谓念佛法门不足尚矣！只看达磨对梁帝语，见功德不在作福，而不广览六度万行诸经，便谓有为福德皆可废矣！反而观之，执净土非禅宗，执有为非无为，亦复如是……予尝谓《六祖坛经》不可使无智人观之，正虑其执此而废彼也。